第三帝国

党卫队

美国时代生活编辑部 / 编

孙　逊 / 译

修订本

海南出版社
·海口·

目　录

1.“未来属于我们！” ………………………… 13

2.创建最高警察武装 ……………………… 67

3.颠覆与征服方案 ………………………… 127

4.希特勒的私人部队 ……………………… 189

附　文

神秘组织的黑暗仪式 ……………………… 54

第一批集中营 …………………………… 111

苦难的逆向迁移 ………………………… 170

“元首的人”的自豪 ……………………… 233

致读者

首先应当承认，本书的策划并非出自我本人的想法。

事实上，当一小批时代生活图书公司的编辑和作者开始极力主张推出这样一个系列的时候，我的第一反应是："有关第三帝国的话题难道还能有什么新意吗？"

可是，当前往柏林、华盛顿和莫斯科的采访人员逐步发回他们的稿件——私人珍藏的回忆录和相册堆满了我的办公桌——目击者的记录和官方秘藏的文件被一一发掘出来之后，我觉得我的疑问已经找到了最好的答案。

我们正在接近一项重大的成果：对纳粹统治下的德国的一个全新的认识——从第三帝国的内部来解剖它。

本系列共有21本。每一本都向您展示了第一手的私人记录、从未发表过的照片、亲历者的回忆录和新解密的官方档案。它们恰如一幅徐徐展开的巨型画卷，将您带回那腥风血雨的黑暗时代，让您仿佛置身于喧嚣狂热的柏林、遍地瓦砾的华沙、燃烧的斯大林格勒、沙尘滚滚的北非，恍如走进了令人不寒而栗的集中营、党卫队的秘密会议室、希特勒的办公室、他的书房和卧室，甚至把握到他的思想动态。每一本都有一个中心主题，整个系列连起来则构成了迄今为止最完整、最细致的"第三帝国史"。

这就是我们所做的工作，让真实的历史说话。

时代生活编辑部主编乔·沃尔

布克堡，1937年：穿着黑衫的党卫队士兵站在希特勒经过的路线两旁维持秩序。

纽伦堡，1938 年：希特勒授予一面党卫队队旗。

成千上万人向元首敬礼，党卫队士兵处于戒备状态。

1."未来属于我们！"

1923 年 11 月，一个凄雨冷风的早晨，一个年轻人站在路障后面，显得与环境格格不入——他看上去不像是战士，更像是学者，也许连学者都不是。事实上，他失业了，而且前途渺茫。他唯一的工作经历是曾受雇于一家农业化学公司，作为见习研究员研究化肥的用途。现在他张着嘴站在一群"业余"士兵中，紧抱着旗杆，越过铁丝网筑成的路障，盯着对面一排黑洞洞的枪口。他和他的同志聚集到巴伐利亚的首府慕尼黑，协助推翻政府，但是事态似乎有些不妙。

海因里希·希姆莱绝不是一个气魄不凡的人。这个二十三岁的年轻人举止笨拙、面黄肌瘦，被认为是一个令人讨厌的、爱挑剔的人，经常为一些小病而抱怨，但心肠还不坏。厚厚的军大衣完全遮住了他瘦小的身材，他窄小的肩膀和单薄的胸部反而更加突出。他瘦削的脸上留着少量的胡髭，戴着厚厚的圆眼镜，根本没有流露出革命的热诚。他的神情反倒有些迷惑和焦躁。

那一年，这种焦躁的情绪席卷了整个混乱不堪的巴伐利亚。第一次世界大战结束后，无法控制的通货膨胀，大批的失业者和暴乱的威胁，就像瘟疫一样在这个高傲而古老的地区里蔓延——实际上整个德国都是如

海因里希·希姆莱，未来的党卫队头目，在一群右翼暴乱者中间，举着德意志帝国的战旗站在慕尼黑一个路障的后面，时间是 1923 年 11 月 9 日——一场旨在夺取巴伐利亚政权的暴乱达到最高潮的一天。警察包抄过来的时候，暴乱者投降了。

13

此。希姆莱当时所属的准军事组织成员决定要干一些事情，改变这种不堪忍受的现状。他们归属于一个武装组织和保守政治团体的联盟，这个联盟由国家社会主义德国工人党也就是众所周知的纳粹领导，欲用武力接管巴伐利亚政府。然后他们就向柏林进军，推翻万恶的魏玛共和国，他们指责这个温和的联邦党人政府可耻地向德国战时的敌人投降。他们决定拒绝承认耻辱的《凡尔赛和约》，并立志恢复国家的强盛。

这次冒险行动开始非常顺利。前一天晚上，也就是 1923 年 11 月 8 日，他们的领袖恩斯特·罗姆把他们召集到一家慕尼黑啤酒馆——勒文勃劳凯勒啤酒馆，通知他们准备行动。他们的会议没有进行多长时间，另一家啤酒馆的集会传来消息，国家社会主义党领导人阿道夫·希特勒已经拘捕了政府的主要领导人，并成立了临时政府。后来，恩斯特·罗姆这样描写手下的人当时得知消息后的反应："人们跳到椅子上，相互拥抱，许多人喜极而泣。'终于盼到了！'每个人如释重负地从喉咙里蹦出这句话。"

接着，希姆莱雄起起地爬上卡车，挥舞着老德意志帝国的旗帜，向计划好的目标——巴伐利亚的德国驻军司令部——进发，他们占领了整座大楼，并把周围的街道用路障堵死。一直没有开枪的必要；罗姆和他的人坚信一旦政府倒台，军队将同新领导人合作。

但是，这是一个漫长而紧张的夜晚，不时传来关于政变进展但又相互矛盾的消息。天一亮真正的担忧也开始了。忠于政府的部队开着装甲车、端着来复枪包围了被占领的驻军司令部。他们将枪口瞄准直冒冷汗的反叛者，但是没有立即开火——无论如何，铁丝网两边的人都经历过一战的残酷。这个时候，双方僵持不下。

早上晚些时候，天平似乎向反叛者倾斜。政变领导人带领3000名追随者前来解救希姆莱这伙人。但此时，无能和无组织注定了叛乱逃脱不了失败的命运。巴伐利亚政府官员获得释放，正全力以赴地镇压叛乱。一阵突然猛烈的交火令希特勒和他的党徒仓皇逃窜，著名的"啤酒馆暴动"被镇压下去了。

在两名成员中弹后，驻军司令部孤立无援的暴动者没有别的选择，只有投降。双方总共有20人死亡或重伤。罗姆被拘禁，希特勒也一样。年轻的希姆莱没有受到如此严厉的惩罚，他和他的同伙仅仅被解除武装，然后遣送回家。但是家乡——希姆莱的家乡慕尼黑市——已经变样了。他隶属的激进组织被取缔了。他追随的领导人被关进了监狱。他没有收入，没有前途，几乎不抱希望：他就是当时德国社会上普通老百姓的一个缩影。

在接下来的二十几年中，希姆莱和他的国家都找到了摆脱困境的道路。德国重新赢得所有失去的权利，还有更多的东西，希姆莱则成了整个欧洲最有权势的人

之一。但是两者都付出了可怕的代价。像传奇般的人物浮士德博士所做的那样，整个民族将同黑暗的势力达成协议。制定协议条款的罪恶精灵是阿道夫·希特勒。但是当这位所谓千年帝国的领袖尽情表演和高谈阔论时，苍白、不起眼的海因里希·希姆莱却在幕后默默无闻地工作，料理琐碎杂事。

尽管从未参加过战争，希姆莱还是视自己为一位士兵头领，并竭尽全力地建立一支精锐的"御林军"——也就是党卫队。希姆莱的一生被真实的或臆想的疾病所困扰，他梦想着培植一个由拥有强健体魄的农民组成的优等种族，便着手以他曾想成为的农艺家的冷静和效率开始挑选人员。这个见到陌生人腼腆害羞、体贴老人、极有礼貌的人却成了恐怖行为的源头，他将派遣秘密警察——盖世太保的杀手们拘捕、刑讯、刺杀任何可能与阿道夫·希特勒为敌的人。

复兴注定会取得很大的成功——至少在一段时间内。但是当德国重新拥有繁荣的气象、军事的强大、举世的尊重和明确的目标时，付出的代价也在增大。朋友和邻居一夜之间消失了；尖叫声和枪声在党卫队监狱里回响的次数越来越频繁，这些监狱先是建立在德国，接着遍布整个欧洲；四处蔓延的集中营就像地面裂开的伤口。

与此同时，党卫队的人数和权力迅速膨胀，成为德国内部一个凶险的国中之国。党卫队对外人来说神秘

1925 年，慕尼黑市中心的一条大道。慕尼黑当时是巴伐利亚热闹繁华的首府，也是反共和主义者的大本营。第一次世界大战结束后，社会极度混乱，这个城市的一次共产党人起义被极端保守的陆军老兵镇压下去，从而为纳粹的崛起铺平了道路。

照片中朴实
的希姆莱

1918年，海因里希（左）站在哥哥格布哈德的旁边。

一张家庭合影中，穿着裙子的海因里希站在最前面，时间大约是1902年。

这位党卫队头目在30年代赢得了体育勋章。

1936年，希姆莱同已有裂痕的妻子玛格丽特合影。

1935年，这位巴伐利亚的地方长官在进行射击练习。

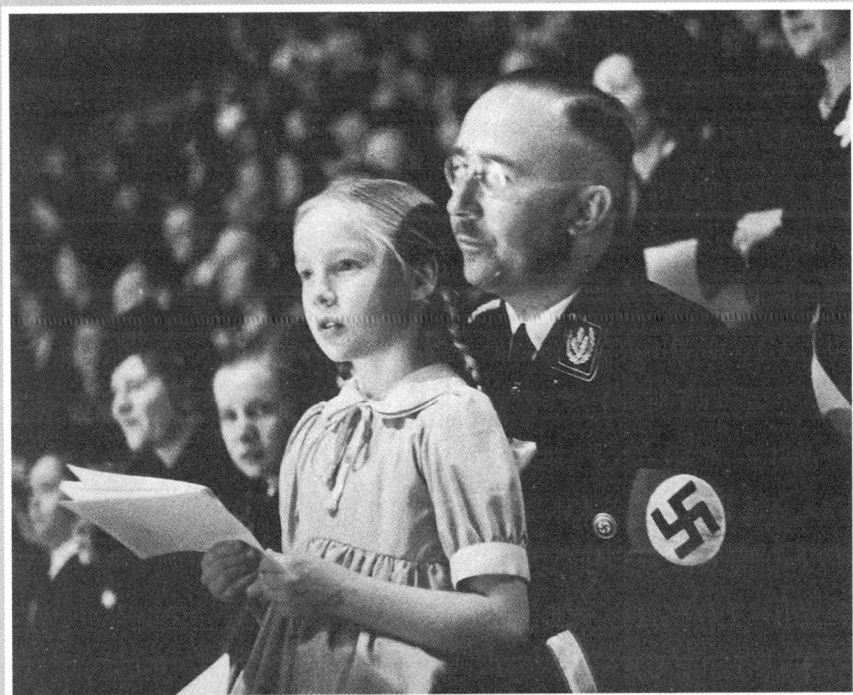

1938年，这位党卫队领袖在一个运动会上怀抱心爱的女儿古德朗，显露出与他残忍名声不符的一面。

莫测，它只对元首本人负责。国家生活的任何方面都逃脱不了党卫队的干涉。希姆莱的黑衫部队不但控制着警察和死亡营，还把他们可怕的影响扩展到科学、农业、医疗保健和工业领域。当战争不可避免地再次爆发时，武装党卫队的精锐师跨越欧洲，同一般部队并肩参加了二战中一些最激烈的战役。同时，希姆莱和他的御林军开创了一个有预谋的大屠杀时代，屠杀的规模几乎超出了常人的想象。

这就是 1923 年年轻的海因里希·希姆莱未来的形象。他的过去丝毫没有给人以这种暗示。从他当时的经历来看，他似乎不可能会是那种干出惊天动地的事业的人。

希姆莱出生于 1900 年 10 月 7 日，生长在慕尼黑一个舒适的中产阶级家庭。母亲是一个虔诚的天主教徒，父亲是一位严厉但风度翩翩的教师。在青年时代没有迹象表明他遭受过何种剧烈的虐待——殴打或禁闭——这可以说明长大后他会成为什么样的人。但是不祥的阴影仍然存在。他的学究父亲用一套狭隘的模式温和但又毫无回旋余地地管教着年少的海因里希，他监督孩子教育的每个细节和一切活动——甚至具体到修改日记。他的母亲正统又冷漠，全部精力都放在如何节约家庭开支里的每一分钱，但她坚持认为孩子应学会得体的举止。

希姆莱教授与皇室有值得炫耀的关系；他曾经做

过巴伐利亚皇室海因里希王子的家庭教师。王子始终怀着对旧日恩师的爱戴，同意当海因里希·希姆莱的教父——在德国这个认为等级意识理所当然的君主制国家里，这是一个极大的恩赐。老希姆莱决心让他的儿子完满地掌握侍臣的技巧，尤其要求他认识和结交贵族朋友。他甚至列出儿子同学的名单，分析他们的家庭背景，然后建议哪个男孩该结交，哪个孩子该不理睬。

海因里希主要的弱点是他笨拙、虚弱的身体。两岁时，他患了严重的呼吸道感染。他的康复漫长而又令人操心，4年后，也就是1906年他上学时，又患上了另一种慢性病。对健康长期的忧虑不安令他对最轻微的身体不适都很敏感。从小学到初中，他的学习成绩在班上排名第一，但由于身体太笨拙，眼睛又高度近视，他的体育成绩很差。但是他没有就此将操场让给更有天赋的人，而是放弃体面，选择顽强，承受着同学的挖苦，通过艰苦的努力在学校的体育比赛中取得了一定的成功。

到1914年夏天，希姆莱学业进行得很顺利。他是一个几近完美的学生，虽然没有多少创作灵感，但仍孜孜不倦地记日记，他定时到教堂做礼拜，钢琴也弹得很好。他的业余时间经过刻意安排，并受到监督；他和家人长途步行去郊游和游泳（或者同他哥哥盖伯哈特一起骑自行车，忍受频繁的跌倒），还收集邮票、钱币和中世纪的手工制品，就像他父亲一直所做的那样。在他日记里，他谴责自己在严谨的日常生活中所犯的最小的错误，谴责自己笨手笨脚，谴责自己说话太多。同时他对那些比他少受纪律约束的人表示蔑视。

那时，他家住在慕尼黑东北 40 英里处的兰茨胡特，老希姆莱在那里担任一所中学的副校长。这是他职业生涯中一次愉快的升职，他们家在这个地方有很多朋友，从表面上看生活安逸舒适。然而在 7 月 29 日，一个底部画线的短句出现在海因里希的日记里：奥匈帝国和塞尔维亚开战了。希姆莱以一个学生的热情关注着逐步升级的冲突事件，但是 1917 年之前，由于太年轻，他除了做救援工作和家庭防卫训练外，不能参与任何事件。他 17 岁后——已有资格参加战时军事部队——他的父亲成功地为他在一个军官培训计划中谋到一个职位。（让希姆莱作为一名普通士兵应征入伍，这是不可想象的。）

1918 年 1 月的第一天，这个年轻人作为一名候补军官到第十一巴伐利亚步兵团报到训练。突然之间同家乡和家人分开对他造成不小的冲击，但是他下定决心要取得成功。凭着在学校上体育课那种同样顽强的毅力，他忍受住冰冷的房屋、公共浴室、大锅饭以及体力上的消耗。但令希姆莱感到永久痛苦的是，他刚结束培训战争就结束了。后来他声明曾率兵上前线作战，但是他最接近参加一战的经历就是率领一些新兵绕阅兵场行进。

希姆莱回到家乡后发现一切都改变了，他几乎彻夜沮丧不已。他们家的保护人，海因里希王子在战斗中阵亡了。君主制本身也消亡了；国家因战争的失败而衰弱，革命的威胁不断上涨，德国转变成一个民主共和国。贵族被剥夺了权力，贵族的熏陶一直是希姆莱家最引以为豪的事。

从一开始，魏玛政府就显得很无能。除了其他方面的失败外，政府不能遏制通货膨胀，通货膨胀正耗尽所有德国人的购买力和储蓄。当 1919 年希姆莱作为一个学农业的学生在慕尼黑的技术学院登记注册时，他父亲手头拮据越来越难以支付他的学费。有一段时间希姆莱看上去似乎不得不中途辍学。随着失业率的飞速增长，即使有一张文凭，他的前途也是捉摸不定；但如果没有文凭，他就没有前途可言。

尽管担忧，希姆莱还是以满腔热情投入到大学本科生活中，加入了一个学生组织，并获得了必需的决斗伤痕。躲避了又一次同疾病的斗争，他于 1922 年毕业并获得了一个农业学学位。他希望在军队里谋个职位，但是德国国防军战后的规模受到了《凡尔赛和约》的限制，竞争太残酷。最后他找到一个很一般的工作——在一家氮肥厂当助理技术员——只能眼睁睁地看着他的工资仅仅在一个月里就贬值一半。

事情越糟，希姆莱越被右翼刻薄和充满仇恨的咒骂所吸引。整个德国狂怒的小政治俱乐部都组织起来寻

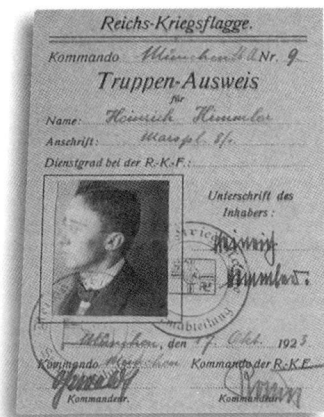

这是在"啤酒馆暴动"前不久，准军事组织"德国战旗"发给希姆莱的一个身份证。盖的章上可以看出这个以德意志帝国战旗命名的组织的名字。反向万字表明了"德国战旗"同纳粹的联合。

找替罪羊并寻求解决国家日益恶化问题的良药。这些组织中许多是由愤怒和绝望的退伍军人组成的，他们不但因《凡尔赛和约》而蒙受耻辱并且因《凡尔赛和约》而失业。希姆莱喜欢把自己想象成为一名退伍军官，他赞同他们的观点，并且毅然决然地放弃工作同他们站在一起。他很快在这些人中发现一个发誓要采取行动的人。

严格地说，恩斯特·罗姆是一个在战争中负过伤的职业军人，他对任何其他工作都不感兴趣；罗姆身材矮胖、面色红润、目光锐利，他魅力十足，凭着他的作战绶带和死板严厉的态度，他的一切似乎都成为希姆莱想要学的。在他的前陆军上司的帮助下，罗姆从战争结束后就开始在德国战败的废墟上全力保留一些军事力量。他秘密地在巴伐利亚周围各地建立了许多大型的非法武器和弹药库。他还不顾《凡尔赛和约》的限制组建了地下军事组织。当他们被谨小慎微的魏玛政府取缔后，他又将他们重新组建成一支国民自卫队，这个当然也被解散了。罗姆仍然坚持把所有的小型右翼准军事组织团结起来成立一个同盟。饱受挫折的老兵希姆莱加入了好几个这样的组织。

罗姆成为德国一些最有权势的人的代理人，在罗姆准备重建军事力量和德意志本身时他们起了决定性的作用。罗姆感觉到自己在军事上具有卓越才能，这时他意识到他的任务是获得公众的支持，这是他非常缺乏的。为了取得政治上的成功他需要一个名誉负责人，这个人能够迷惑大众而士兵们从事真正的工作。罗姆在阿道夫·希特勒身上找到了他需要的人，弱小的纳粹党充满激情的领导人。钦佩的希姆莱紧随罗姆之后于1923年8月加入了国家社会主义党，恰恰就在对魏玛政府的愤怒达到顶点之前。

在各方的威胁下，魏玛政府宣布进入紧急状态，给予军队独裁的权力。巴伐利亚在高涨的分离主义情绪鼓舞下拒绝执行来自柏林的指令。但是罗姆和国家社会主义党不想脱离共和国；他们想摧毁它。"打倒十一月罪犯！"他们高叫，咒骂那些接受万恶的《凡尔赛和约》的"祖国父亲的叛徒"。他们聚集起来草率发动暴乱，德国人听到暴乱就会想到"啤酒馆暴动"。

慕尼黑经历大混乱之后，希姆莱发现他的生活和他的国家深深地滑入动荡不安中。他在巴伐利亚、土耳其、意大利，甚至乌克兰寻找工作。对希姆莱来说，鉴于对共产主义的强烈憎恨，不可能考虑苏维埃苏联作为重新开始的地方，但是他了解许多自相矛盾的信念。在很多方面，他的思想只不过是他对这个世界一知半解得出的结论，是一堆不起眼的混杂物，但却带着疯狂的色彩，因为他需要用它们来解释自己的情况——或者最起码充当归罪的对象。只有纳粹愤怒的语言，它的如孪生的极端民族主义和极端反犹主义，才能满足这种需要。纳粹党在企图政变后被取缔了，但它只是以不同的名字分裂成两部分，其中一个由一名叫格雷戈尔·施特拉瑟

的药剂师控制。希姆莱很快成为党的一名狂热的积极分子，整个 1924 年他都在周游南巴伐利亚，发表演说，比如"受证券交易资本家奴役的工人"。他完全成为一个坚定的革命党人。"我们做这样艰苦的工作很少不受挫折，"他写道，"这是无私地服务于一个伟大的理想和一项伟大的事业。"

　　纳粹党恶毒的语言不仅吸引了希姆莱，而且吸引了完全同希姆莱一样恐慌迷茫的选民。在那年 5 月的选举中，施特拉瑟和罗姆——刚从监狱里释放出来——都赢得了德国国会的席位。为奖赏希姆莱的尽忠尽职，希姆莱被任命为施特拉瑟的秘书。"这个家伙特别有用，"

1923 年 9 月，希特勒的私人"冲锋小队"成员乘车去参加一个集会。他们负责保卫希特勒和对他的敌人进行恐吓，是党卫队的前身。这些人穿着陆军式样的外套，帽子上配有骷髅标志，以示他们与褐衫冲锋队的不同。

施特拉瑟有些不屑地说。"他有一辆摩托车，他心中充满没有实现的理想，就是成为一名军人。"

希姆莱新的工作是在兰茨胡特，他以前的老家。他以饱满的干劲投入到他的工作中，但 1924 年 12 月举行的新选举带来了灾难。尽管施特拉瑟成功地保住他在国会中的议席，但罗姆失败了，施特拉瑟党的命运进入一个低潮。接着，12 月 20 日，希特勒从监狱里释放出来，不久对于纳粹党的禁令就被过于自负的联邦政府取消了。"这头野兽已经制服，"巴伐利亚总理海因里希·海尔德在极度的判断失误后宣布，"我们可以放松锁链。"

1925 年早些时候，施特拉瑟老老实实地率领他的追随者重新回到原来的纳粹党。他希望希特勒伸出手欢迎另一些观点相同的政党，以便形成一个更有效率的联盟。但是从监狱里出来的希特勒比以前领导暴动的希特勒更加难以对付。不同任何其他组织合作；同纳粹合作的代价就是完全地、无条件地服从希特勒。而且再也没有阴谋政变；通往权力的道路将是长长的合法竞选之路。这些不可更改的新政策导致希特勒和他的高级副手之间出现激烈的冲突。

最严重的冲突是同罗姆的。四年前，生性好斗的

冲锋队的首领恩斯特·罗姆展示他在第一次世界大战中负伤的伤疤和获得的勋章。罗姆从未失去对战争的渴望，他曾夸耀说"战争和暴乱比安居乐业的社会秩序更能引起我的兴趣"。

27

上尉协助网罗了一群流氓，来维持纳粹集会的秩序和保护党的领导人。这支褐衫部队——冲锋队成立不久，就不断地攻击其他政党，冲入他们的会场进行破坏，殴打他们的领导人，在街上追打他们的成员。希特勒督促他们公开宣誓打垮"所有动摇国民意志的集会和演讲"。罗姆以前的战友和有问题的人不惜体力地执行这项任务，以致1925年一些州政府非常不愿让冲锋队同纳粹党一起解禁。

更严重的是，罗姆是一个棘手的下属。事实上，他根本没有把自己当成一名下属。"我明确地拒绝了让冲锋队介入党的内部事务，"他告诉希特勒，"同样，我明确拒绝让冲锋队的指挥官服从党的政治领袖的指示。"罗姆相信，只有他才拥有这个权力，希特勒应当承认现状。令事情更糟的是，罗姆是一个厚颜无耻的滥交的同性恋，他利用自己的地位招募男人和男孩，供他每夜游玩淫乱。可以预见，1925年1月他的幽会令他卷入一个惊人的丑闻里，这丑闻使他成为人们普遍唾弃的对象。在希特勒的强大压力下，再加上纳粹党从事合法斗争的新承诺和建设强大军队的谨慎策略都不能容忍罗姆的行为，最后罗姆只有辞职去了巴伐利亚。

希特勒和格利戈尔·施特拉瑟之间也有矛盾，施特拉瑟现在是德国北部纳粹党的领袖。施特拉瑟和他的弟弟奥托，柏林国家社会主义党党报《柏林工人日报》的主编，强烈反对希特勒的经济政策；当他们仍旧严

1927年在纽伦堡第一个建党日集会上，希特勒准备检阅3万名冲锋队员。希姆莱，当时是一名党卫队的指挥官，站在一面旗帜的旁边，旗上

写着，"觉醒吧，德国！"希姆莱的后面是希特勒的秘书，鲁道夫·赫斯，赫斯的左边是理论家格利戈尔·施特拉瑟。

肃地把"社会主义"这个词放在党的官方名称中时，希特勒却更感兴趣向富裕的资本家求助，他们的支持是希特勒所渴望的。

与此同时，希姆莱愉快地、不辞劳苦地从事党的各项工作，既没受到他老师的麻烦的影响，也没受他的家庭对他作为一个激进政治家的新生活的极度厌恶的影响。希姆莱，一个孜孜不倦地写日记的人，一个生活细节的安排者，为他强制性的计划和记日记找到了完美的出路，也为他终生培养出的阿谀奉承上司的技术找到了出路。希特勒叫嚣得越厉害，党的前途似乎就越黯淡；希姆莱工作得越努力，他就变得越狂热。他称希特勒为"所有时代最伟大的头脑"，并且在电话里听到这位领袖的声音时立即叩后脚跟立正。如果希姆莱一位同事的话可以相信的话，希姆莱在办公桌旁工作时还崇敬地同墙上挂的希特勒的画像进行交谈。希姆莱的回报不久就来临了。

希特勒想建立一支可靠的私人安全武装，这支武装既可以在冲锋队被禁止的地方活动，又可以遏制冲锋队残余部队的影响。以过去的私人保镖为核心，希特勒创建了党卫队。成员都应当是"那些时刻准备革命的人，并明白某一天可能遭受种种磨难"。忠诚比数量更为重要；一个城市二十名男子就足够了，"假使能完全信赖他们"。必须没有罗姆的过分行为："酗酒成性，散布谣言和其他犯过法的人都不予考虑。"

希姆莱符合成为新领导的一切要求，成为负责组织南巴伐利亚党卫队部队的当然人选。尽管都是精英人物，并有特别的标志——镶有银制髑髅饰钮的黑帽子和镶黑边的臂章——但是最初党卫队并没有吸引什么新成员；而且那些少数成员也没什么事可做。他们甚至去干发送预订党报这样的差事。这是因为德国的经济最终

DENMARK
Copenhagen
SWEDEN
BALTIC SEA
MEMEL
LITHUANIA
NORTH SEA
NORTH SCHLESWIG
Königsberg
EAST PRUSSIA
Kiel
MECKLENBURG-STRELITZ
Danzig
POLISH CORRIDOR
OLDENBURG
LÜBECK
HAMBURG
BREMEN
Hamburg
MECKLENBURG-SCHWERIN
MECKLENBURG-STRELITZ
Oder River
Vistula River
Bug River
NETHERLANDS
Amsterdam
OLDENBURG
SCHAUMBURG-LIPPE
Elbe River
Berlin
LIPPE
BRAUNSCHWEIG
PRUSSIA
Warsaw
PRUSSIA
WALDECK
BRAUNSCHWEIG
ANHALT
Halle
POLAND
Brussels
Cologne
Rhine River
THURINGIA
Weimar
THURINGIA
SAXONY
BELGIUM
EUPEN
HESSE
PRUSSIA
UPPER SILESIA
MALMEDY
Frankfurt
OLDENBURG
HESSE
Luxembourg
LUX.
SAAR
BAVARIA
Prague
ALSACE-LORRAINE
Nuremberg
CZECHOSLOVAKIA
FRANCE
BADEN
WÜRTTEMBERG
BAVARIA
Danube River
PRUSSIA
Munich
Vienna
Bern
LIECHTENSTEIN
AUSTRIA
Budapest
HUNGARY
SWITZERLAND

1930 年的德国已经从第一次世界大战前的边界线（虚线）收缩。在凡尔赛，盟国强迫德国割让了领土。希特勒和他的追随者们谴责魏玛共和国的领导人接受像波兰走廊这样有辱国家尊严的条款，波兰走廊把东普鲁士与德国的其他领土分割开。政治骚乱由于中央政府的软弱而加重；德国由 18 个邦组成，每个邦都有独立的传统。

1931 年，希姆莱（戴眼镜者）和种族理论家瓦尔特·达里（希姆莱左侧）一起，同巴伐利亚农民们聚集在希特勒的肖像下畅饮。希姆莱的党卫队致力于在农民中培养大批追随者，达里称农民是"日耳曼民族的生命源泉"。

开始好转。失业率下降，生产力提高，国家正在重建，没有人有时间去听希特勒疯狂的吹嘘。可是，繁荣是暂时的，它建立在大量的贷款上，总有一天贷款到期便会带来灾难性的后果，当时几乎没有人意识到这一点。

然而，希姆莱更加鲜明地阐述了德国农民的高贵性以及资本家和犹太人的贪婪性。到 1925 年，他衡量作家、演说家和认识的人的标准就是他们对他所谓的"犹太问题"的态度是强硬还是软弱。作为一项公共服务，他宣布了一个计划，就是公布"居住在下巴伐利亚所有犹太人的姓名，以及这些犹太人所有的天主教朋友的姓名"。当格利戈尔·施特拉瑟得知这个计划后，他大笑并说希姆莱将要成为一个疯子。

尽管施特拉瑟不同意希特勒的观点，但是这位药剂师是一名显赫的新成员，希特勒最需要的是更多的追随者。1926 年，施特拉瑟被提升为党的宣传负责人。施特拉瑟依然不认为希姆莱是当官的料。后来施特拉瑟即将调到柏林去时，他对他的助手说："他非常有野心，但是我不会带他北上——你知道，他不是无与伦比的人。"

施特拉瑟可以轻视希姆莱但是不能开除他；这个副手只是太勤奋能干而不能被忽视。他维护秩序、促进稳定，同这个枯燥时期的每个人一样，为了在党内和党卫队的地位获得缓慢但是不断的提升而全力以赴。不久他为了党的事务去柏林以及其他地方旅行。在一次旅行当中，他为了躲避暴雨跑进一家旅馆大厅，他发现自己同一个高大、金发碧眼的日耳曼美女面对面。为了尽量显得殷勤有礼，他摘下帽子，但是溅了那位年轻妇女一身冷水。然而，他们开始攀谈。她叫玛格丽特·博登，以前是一名陆军护士，现在开一家诊所，专营顺势疗法的药品和草药。她证明在爱挑剔和节俭方面同他是相同的，关于农民和农艺他们俩有共同的兴趣，笨拙的方式迅速把他们俩拉到一起。这段罗曼蒂克在希姆莱和他父母之间引起了更多的麻烦；那个女人比他大八岁，是基督教徒而且离过婚。但是希姆莱非常坚决，他们于1928 年 7 月结婚。

玛格丽特卖掉了她的诊所，用这笔钱这对夫妇在瓦尔德特鲁德林村，距离慕尼黑 10 英里，买了一个小农场。多年来希姆莱一直想经营一个农场并拥有自己的私人生活，他又满腔热情地开始新的冒险。他们夫妇在农场生产和销售农产品，经营农具，并养了50只能下蛋的母鸡。他们甚至能有一些小小盈余，1929年他们的女儿古德拉恩出生了。

同时，希姆莱为纳粹党辛劳工作的六年开始有了回报，这种回报促使他将不会在农场投入更多的时间。1929年1月6日，希特勒任命他为党卫队的国家指挥官。尽管头衔很高，但这不是一个特别有权的位置。这个组织不到300名成员；在柏林有一个独立的党卫队指挥官，克特·德鲁格，他同希姆莱的关系也不清楚；纳粹准军事部队的全部指挥权都控制在冲锋队手里。但是这次提升肯定了希姆莱疯狂的工作方式，并可以使希姆莱不加限制地鼓吹他那可怕的种族信仰。外表冷静而深怀巨大的热情，他不慌不忙、有条不紊地上任了。

开始一切都不太顺。希姆莱颁令，如果没有日耳曼人，或雅利安人的外表特征，谁也不允许加入党卫队：按照他的标准男人必须高大、蓝眼睛和正直。但是由于现有成员的大部分人甚至连初试都通过不了，所以他又提出第一次世界大战老兵例外。他规定了一个人选的最低身高，但只不过是五英尺八英寸。这期间，申请人员的最主要测试是希姆莱手握放大镜长时间地检查该人的相片，然后沉思。"我常想：这个男人身上有没有任何外国血统明显的标志——比如，突出的面颊骨——这可能会让人说，'他长得像蒙古人或斯拉夫人'？"他解释说，最高的目标是产生一种"优良的血统秩序来服务于德国"。这将不仅仅局限于保镖或安全部队。虽然在当时这已经很清楚，后来还是对这套乱七八糟的激进的理论做了简单的解释，希姆莱正在为一个主要种族奠定基础，这个种族的命运就是恢复在德国所有的权利，接着是全世界的权利。

1920 年，雄辩家阿尔弗雷德·罗森堡向一群人发表演说。他的理论影响了希姆莱，后者把日耳曼种族优越论上升到宗教信仰的高度，信徒们把攻击犹太人和其他臆想的异己族群当成自己的责任。

相对那些像斯拉夫、拉丁和犹太等民族的罪恶，日耳曼民族在某种意义上被赋予一种与生俱来的优越，这种理论自从 19 世纪在德国就比较流行。一个推论提出，在生存竞争中，一个强大的民族或国家拥有天生的权力去统治或者甚至消灭弱小的民族和国家。这种推论有各式各样的版本，还经常得到科学研究发现的验证，这几年已经在德国人的意识中腐烂变质。

当今种族意识形态的鼓吹者之一是阿尔弗雷德·罗森堡。出生在苏联的爱沙尼亚省，父母是德国人，在莫斯科受的教育，罗森堡在苏联革命期间带着对布尔什维克人和犹太人的深仇大恨逃到慕尼黑。希特勒认为他是

一个知识分子，1923年让他做纳粹报纸《人民观察家报》的主编。

　　罗森堡不加区别地谴责犹太人、共济会分子、共产党人和新教教徒。他提议成立一个具有强烈种族优越意识的新宗教，这个宗教可以克服基督教博爱的软弱主义。"一种文化总是要衰败的，"他写道，"当人道主义阻碍强大民族行使统治被征服民族的权力时。"他的"新宗教"，他想方设法解释它，是"由最明白的道理具体化的宗教信仰，那就是日耳曼血统代表一种神秘，它将取代和废除旧的圣礼。"靠这些不可理喻的胡说八道，罗森堡被说成是卓越的纳粹哲学家。可是甚至连希特勒，他的赞助人，也称罗森堡的作品是"不合逻辑的

1932年，党卫队士兵在希特勒竞选总统期间散发传单。这次竞选活动是德国历史上最激烈的一次：德国国家社会主义党张贴了100万张海报，散发了800万份小册子，并且一天组织多达3 000次集会。

垃圾"。约瑟夫·戈培尔，未来的宣传领袖，将这理论作为一种"意识形态的打嗝"取消了。尽管这位纳粹哲学家的代表作，《20世纪的神话》，销售了超过100万册，但是不久便发现几乎没有人真正读过这本书。

这是1932年印有"唯有希特勒"字样的竞选海报，带尖头的旗杆像武器一样挥舞。这个反向万字——古代雅利安人用来表示好运——经常倾斜着出现在纳粹的徽章上，象征着前进的车轮。

有一个真正读过并且崇拜罗森堡理论的人，他叫瓦尔特·达里，一个受过英语教育、出身德国人家庭的阿根廷人，他所熟知的专门知识是农业，而且一直热衷于研究农民。他赞同罗森堡的观点，未来的男人是一种"强大、受世俗所束缚的形象"，一个"强壮的农民"愿意将他天生的日耳曼优越施加到任何劣等民族身上。

1929年，这一年希姆莱控制了党卫队，达里发表了一篇论文，题目是《血统和土地》，歌颂日耳曼农民的美德——他们特别温和，他写道，如果他们在一种特定性质的土地上成长起来。他要求有一种积极的有选择的生育计划，以保证日耳曼民族的扩张并且逐渐统治像犹太人和斯拉夫人那样的衰败民族。希姆莱非常喜欢这本书，视作者为自己的朋友，迅速将达里吸收进党卫队，以官方的名义奉行他的理论。

在他的理论家的帮助下，希姆莱找到了适当的农业暗喻，用以掩饰他预期即将到来的恐怖。"我们就像种植植物的专家，当他想种植一种纯的新品种时，首先要翻耕土地剔除那些不想要的植物。我们也一样，应当从淘汰，以我们的观点，那些不适合党卫队要求的人开始。"这项工作完全吸引了希姆莱；他的农场和妻子被抛在脑后。玛格丽特给他的信从度蜜月夫妇间调侃的口吻（"你这个淘气的幸运士兵，你应该上这儿来走走呀"）变成一个焦虑的妻子抗议的腔调（"有些事总是不对劲。我如此节俭，但是钱像其他东西一样"），最后变成不幸的绝望（"哦，亲爱的，我将会变成什么？"）。

当希姆莱认真研究制服和家谱的细节时，他的新制度的成员却增加得非常缓慢。纳粹党的领导人都深陷于在遥远的柏林进行的权力斗争中，而经济危机又开始困扰德国。二十年代不顾一切后果的借贷和过度的扩大生产规模导致一次严重的全世界大萧条和大批失业者的极大痛苦。1929 年超过 100 万的德国人失业了；一年后数字上升到 300 万，1933 年达到顶峰有 600 万人。这种痛苦为纳粹的恐怖政治提供了肥沃的土壤。

但是当恐怖不断增长时，纳粹党人发现他们也不能幸免。截至 1930 年，冲锋队的人数在 6 万和 10 万人之间，他们不断要求有更多的钱，受财政问题困扰的党却拿不出这笔钱，而且还要更多的权力，希特勒却不会把权力交予任何一个人。在这场党内斗争中，最后褐衫军袭击了柏林的纳粹总部，让希特勒非常尴尬的是，不得不叫民事警察来恢复秩序。狂怒下，希特勒亲自担任了冲锋队的总司令，1931年1月重新召回前任总司令——没有比恩斯特·罗姆更合适的人——担任总参谋长。

希姆莱对老朋友罗姆的离开并不在意，对他的归来也是如此，但是希特勒下一步行动一定令他非常高兴。元首命令党卫队从难以控制的冲锋队中独立出来。"冲锋队指挥官无权向党卫队下达命令"，他下令，规定党卫队的任务"主要是在党内行使警察的职责"。这很难说是希姆莱一直盼望的半宗教化的宏伟景象，但它确实赋予党卫队一种特殊的地位。此时，希姆莱抓住良机推出一种时髦的新制服——基本全黑取代了冲锋队的褐色——强调党卫队的独立性。未到第二年，希姆莱经过长期思考的成果开始出现了——首先是1931年12月31日公布了党卫队订婚和结婚的形式。按照这个规定，党卫队的成员直到他的家谱由党卫队一个新的部门审查后才能结婚，这个部门由达里领导，他最后被任命为种族和清算办公室头头。这能够确保每个人符合党卫队的高遗传学标准，一个优等民族就会出现。

然后未来的新娘要接受调查。她和她的家人必须证明是纯种的雅利安人，至少从1750年开始血统没有被任何犹太人、斯拉夫人，或者同样劣等民族的祖先污损过。新娘还要进一步显示她没有任何心理和生理疾病，然后接受党卫队医生的彻底检查，包括生殖力测试。一对新人只有顺利通过所有的测试，一个党卫队婚礼才能举行。显然，希姆莱想到一些怀疑论者可能没有严格执行他的种族理论。"对党卫队来说再清楚不过了，这个命令意味着党卫队迈出了具有伟大意义的一步，"他在宣布结婚制度时说，"嘲笑和不理解不能动摇我们；未来属于我们！"

的确，这个奇怪的政策招来嘲笑——来自希特勒，还有其他人。但是希姆莱关于未来的声明很快得到印证；党卫队注入了大量的新成员，特别是来自中产阶级的，再一次急剧恶化的经济令他们生活艰难。希姆莱这种兄弟会、军团和乌托邦团体的奇特组合的成员从1931年底的一万人急剧增加到六个月后的四万人。但是，党卫队安静的成长仍然被纳粹党和冲锋队嘈杂的发展所掩盖，前者正成为德国政坛的主要力量，后者的队伍继续随着失业人数的增加而壮大。这时希姆莱在慕尼黑制订计划，安排组织会议，柏林的骚乱事件听其发展。

在脆弱的政府举行的连续选举中，希特勒竞选总统，并且失败了，然后参选国会多数党地位和总理职位，又失败了。无奈之下，他放弃了对冲锋队的控制，冲锋队现在有强大的40万人，突然引发了德国历史上从未出现的最可怕的骚乱。冲锋队员肆无忌惮，他们在街上同共产党人、社会党人和其他小党派开战。在1932年6月和7月间，光普鲁士就发生了将近500起正式的战

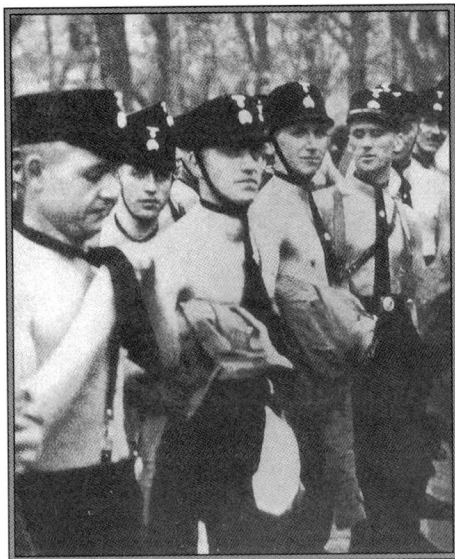

1932年4月，海因里希·勃鲁宁宣布希特勒穿制服的部属为非法武装，党卫队队员佯装顺从地脱掉衬衣。接下来的一个月里，在纳粹设计撤换勃鲁宁的职务后，这个命令就取消了。

斗，82个人死亡，大约400人受伤。7月的国会选举之后，纳粹成为国会的最大政党，但是仍然远没有成为多数党。希特勒拒绝加入联合政府，当他仍然强行在11月举行另一次选举时，他的党失去了200万选票和34个席位。施特拉瑟因厌恶而离去，他认为希特勒的不妥协浪费了党的大好机会。希特勒只是留下了他深受欢迎的副手的办公机构，而把那些所有仍然忠于施特拉瑟的人清除出去，这样进一步削弱了国家社会主义党。元首似乎决心在政治上自我毁灭。

但是，总统保罗·冯·兴登堡，孤注一掷地希望结束国家的争斗，于1933年1月30日，不情愿地任命希特勒为总理。由于力量不够掌握大权——同保守派分享权力，受法律限制，受总统监督——希特勒以令人目眩的速度和行动来获取他的权力。决定不惜一切代价获得对国会的控制，他要求进行一次新的选举并再次放出褐衫党去追捕他的对手——特别是不断受到人们欢迎的共产党，他指责共产党人是2月27日柏林国会大厦纵火案的凶手。纵火案后的第一天，希特勒就劝说年迈的兴登堡签署一项命令，“保护人民和国家”，命令废除个人自由的保障并授权中央政府在认为需要时拥有联邦各州的所有权力。现在希特勒不只仅是打击他的敌人，而是要把他们都拘捕起来。

国家社会主义党仍然没有赢得国会的多数党席位。但是纳粹选出了足够多的代理人，胁迫足够多的其他小政党，组成了一个临时的联合政府。在每个人想缓口气前，希特勒在软弱的新国会强行推进一项紧急法令，就是将全部财政权和立法权转交给他的内阁，为期四年。这个法案于1933年3月23日通过，这标志着德国的民主从此消亡了。

在柏林，纳粹党人如雷鸣般地穿越权力的走廊，喧嚣着要求他们元首的恩惠，抢夺政府的职位，互相践踏对方的声誉，达成无止境的协议以积聚令人难忘的个人头衔。在慕尼黑，希姆莱坐的地方，一切都很安静。党卫队忠实地为希特勒服务并做得很好。1931年，怀着感激心情的希特勒写信给德鲁格，柏林的党卫队指挥官，那句话成了这个组织的座右铭："党卫队，你的忠诚便是你的光荣。"欣喜若狂的希姆莱向他的部下们宣布："我们的元首知道党卫队的价值。我们是他最喜欢和最有用的组织，因为我们从不让他失望。"

但是在1933年，分享肥差的时候，希姆莱和他的党卫队几乎被忽略了。希姆莱被任命为慕尼黑警察的代理主席，后来是巴伐利亚政治警察的头领。但是那些离权力中心最近的人晋升得最快。赫尔曼·戈林，第一次世界大战的王牌飞行员，从啤酒馆暴动那时开始就一直是元首最亲密的朋友。他成为政府的一个部长，普鲁士州最有权力的部长，如果这还不够的话，他宣布自己为第三帝国森林和猎场监管人。戈培尔成为宣传部长，并为自己设立了一个文化部长。

希姆莱，具备典型的恒心，沉溺于警察工作并发现这个工作完全符合他的爱好。他回忆他的祖父曾是慕尼黑皇家警察的一员，并且很快发现执行法律提供了扩大自我权力的机会。在一个名叫莱因哈德·海德里希的忠诚的年轻助手帮助下，他开始想方设法控制德国其他州的警察部门。他开始考虑成立一个他控制下的、单一的全国警察部队。希姆莱意识到，要获得成功，他首先必须打入元首身边的权力圈。他将他的组织生存至今的原因归结于希特勒个人的恐惧，因此无须深思就可得出结论，他最好的做法就是再次激发那些恐惧。希姆莱立刻开始揭发并向柏林汇报各种各样反元首的阴谋。阿道夫·希特勒一直对自己的生活感到很害怕，希姆莱十万火急的警告——一个计划好的政变，一个预谋的手榴弹袭击，接着"来自瑞士的情报"有各种共产主义威胁——使希特勒渴望得到更多的保护，而希姆莱非常乐意提供这个。

为了扩大希特勒的私人警卫，一个经过挑选的120人的小部队在一名巴伐利亚党卫队官员，约瑟夫·"塞普"·狄特里奇的指挥下前往柏林。从此以后，任何见

党卫队

希特勒的客人都必须通过至少三名私人卫队成员的严厉注视。党卫队更加接近核心内圈了。下一步很容易。如果希特勒需要而且值得党卫队精英保护的话，那么其他的政府官员也一样。不久，希姆莱在整个德国都部署了警卫分队。现在他广泛的计划和组织最终产生了效益。党卫队的黑衫队员纪律严明而且完全忠于希特勒，而冲锋队已经难以控制。

当罗姆抢夺军队的权力时，这种反差很快变得更加明显。罗姆一直认为自己最终是这个国家武装部队的司令，这个权力的支配者，相比其他权力，那些政治头衔只不过是为了装饰门面。希特勒试图通过命令军队和冲锋队达成一种妥协来安抚他的长期战友，凭借这个协议冲锋队的地位将提升为民兵武装。但是这种努力失败了，德国国防军仍然是德国唯一有权拥有武器的部队，

1933 年 9 月建党日那天，纳粹的追随者们挤满了纽伦堡的露天运动场，向他们的元首、现在的德国总理致敬。聚集在这里的绝大多数人是冲锋队队员，但是可以在图右看到戴着显眼的黑色帽子的党卫队队员，他们手挽着手，维持会场秩序。

这是一个得到谨慎保护的特权。1934 年初，罗姆再次坚持冲锋队融入军队。希特勒恳求两者之间保持和平，在一次争论激烈的领导会议上，罗姆同意了。但是希特勒一离开会议室，罗姆就发表了一个长篇的背叛演说："这个可笑的上等兵说的东西对我们来说没有任何意义。我根本不同意这个协议。希特勒是个叛徒，他最起码应该去休假。"

与此同时，希特勒制订了计划以清除制造麻烦的冲锋队。他的野心已经远远超越德国的边界，而且相信只有常备军官军团才训练有素、战斗力强和遵守纪律，能够重新武装德国和执行他跨越国界的设想。更重要的是，如果严重患病的兴登堡总统死后，希特勒想攫取总统的权力，这个行动只有军队有权阻止。为了换取军队的支持，元首更愿意准备牺牲冲锋队。

但是罗姆和他的褐衫队仍然在德国各地毫无顾忌地制造威胁。为了显示力量，罗姆鼓励他的无法无天的褐衫兵团进行长而乏味的游行和大规模集会。同时，纵情享用他的权力，他毫不减缓或隐藏他时而进行的闹哄哄的同性恋聚会。他的行为如此令人感到威胁，以致纳粹的领导者不断转向希姆莱和党卫队寻求保护。

在这种情形下，赫尔曼·戈林成为希姆莱一个令人惊讶的新盟友。这两个人过去是沿着直接冲突的路线发展的，因为戈林密谋在他的大本营普鲁士组建一支国家警察部队，恰好同希姆莱在巴伐利亚组建警察部队的计划相同。戈林新的政治警察组织——国家秘密警察，简称盖世太保——早已名闻遐迩。但是戈林认识到单靠他自己的力量是解决不了冲锋队的，作为1934年州政府国家化的一部分，他同意任命希姆莱为盖世太保的副首领。到4月底，希姆莱实际上已经成为整个德国政治警察的大老板。

现在在元首的身边立住脚，希姆莱就搬到柏林居住（同时他把被他遗弃的家安置到慕尼黑附近一个湖边的房屋居住）。他和戈林成为元首的左膀右臂，然后将可怕的眼光转向罗姆和冲锋队。希姆莱去党卫队各地的前哨站旅游，向他的下属发表演说要求必须完全忠诚。同时，他的副手，海德里希，到处搜集指控罗姆和冲锋队的证据。党卫队在德恰的一个新集中营的指挥官，西奥多·艾克，让他的人员做好准备同慕尼黑及其近郊的

1933年，冲锋队头目罗姆（左数第三人）和党卫队头目希姆莱（罗姆左边）用微笑来掩饰他们之间的矛盾。希姆莱旁边身材矮小的男子是约瑟夫·"塞普"·

狄特里希,希特勒卫队的司令,即将到来的大清洗的主要参与者。

冲锋队作战。艾克还命令准备"不需要人员"的名单准备枪毙。希姆莱和戈林编列他们所谓的国家敌人的名单。接下来是关于这么多人的命运——几乎是冲锋队一半的成员——冗长、激烈的辩论以及那个被判罪人的朋友和受惠者们急切地交换名单。

希特勒在这场秘密准备中的角色表现得丝毫不像

他喜欢的那种样子——斩钉截铁的决策和雷厉风行的执行。相反，他不能决定对冲锋队做什么，何时去做，或者是否确实要做。罗姆是希特勒最老和最亲密的战友之一——罗姆是他唯一使用亲密形式ＤＵ称呼的人——他一时还不能让自己同罗姆决裂，任人将他作为大清洗冲锋队领导人的一部分而枪毙。

希特勒的下属根本不受这种良心的谴责。希姆莱多年来了解和尊敬罗姆，但是目前罗姆处在他和他热爱的党卫队日渐强大的权势之间；所以罗姆必须去死；戈林决定成为武装部队的司令，使用谋杀手段清除竞争对手的地盘丝毫不会感到良心不安。海德里希只对两件事感兴趣：谁掌权和干他喜爱的肮脏工作。海德里希的第一个孩子有两个教父——罗姆和希姆莱。现在其中一个不得不消失。

党卫队部队要进攻的城市名单和计划都迅速准备完毕。塞普·狄特里奇和他亲自挑选的两个连人员被命令到南巴伐利亚报到，罗姆和他的主要助手在那里的一个温泉休养。狄特里奇来到陆军司令部，以执行一项"元首命令的最重要任务"的名义要求武器和交通工具。陆军遵从了，狄特里奇和他的人马计划同德恰集中营的艾克指挥部联系上。

1934年6月30日，一个横贯报纸的大标题宣布罗姆已经"被逮捕和革职"。这份报纸称维克多·卢策是罗姆的继任，却又列出了被枪决的七个冲锋队叛徒的名单（报纸底部），借此强调卢策和他的冲锋队必须"无条件服从"希特勒。

Extra-Blatt

Röhm verhaftet und abgesetzt

Röhm aus Partei und S.A. ausgeschlossen

Aufruf des neuen Stabschefs

Der Führer an den neuen Stabschef

Befehl des Obersten S.A. Führers Adolf Hitler

Folgende sieben Verräter wurden bereits erschossen

48

1934 年 7 月 13 日，在希特勒（左边第一排桌子后）发表讲话宣布清洗罗姆和其他人是正义行动后，德国国会向他表示致敬。在讲话中，希特勒发誓要镇压所有持不同政见者："每一个人都必须明白，如果他在未来的任何时候举起手攻击这个国家，那么等待他的只有死亡。"

希姆莱和海德里希，加上戈林的有力援助，加快了行动步伐，拿出一大堆全国伪造的阴谋推翻希特勒的证据以证明党卫队采取的行动是正义的。这些证据被小心翼翼地送给希特勒和军队指挥官以坚定他们解决罗姆的决心。如果希特勒需要进一步促使他进行大清洗的动力的话，那么 6 月 27 日他得到了，由于对罗姆和褐衫党的暴行感到震惊，兴登堡总统发誓除非重新恢复秩序，否则他将宣布戒严法并把权力转交给军队。

6 月 28 日，快到行动的紧要关头，希特勒和戈林去德国西部参加一个婚礼。希姆莱立刻开始从柏林打电话，用从未有过的威胁言语汇报将有一个即将爆发的政变。不论这是一场同希特勒一起精心策划的骗局——目的是以后好让公众理解，还是希姆莱和戈林合伙蒙骗元首计划的一部分，现在已经不太清楚了。但是最终，6月29日早上，希特勒宣布："我已经受够了。我要杀一儆百。"

于是，戈林回到柏林，希特勒，已经首先下令狄特里奇的人开始行动，飞到慕尼黑并驱车去罗姆正待的地方。黎明刚过希特勒就到了，在一群警察侦探的护卫下他冲进罗姆的房间。挥动着一把手枪，希特勒指责他的老战友背信弃义。在晕头转向的罗姆穿衣服时，希特勒抓出另一个冲锋队高级官员和他的男伴。冲他们大骂了一阵后，希特勒让人把这些吓坏了的官员带走关进监狱。

与此同时，在整个德国不断传来敢死队和大规模拘捕的细节。希姆莱非常漂亮地配合他们的行动，在海德里希的帮助下，希姆莱第一次显示了他真正的办事能力。塞普·狄特里奇带领一支特遣队去慕尼黑的施塔德尔海姆监狱——他挑选了"六个优秀的射手"，他回忆，"确保不会发生乱糟糟的事情"——押出六名冲锋队的高级官员。他们当中一个叫道，"塞普，究竟发生了什么事？我们完全是无辜的"。回答是一声后脚跟叩碰声和冷酷的话语，"你们已经被元首判决枪毙。希特勒万岁！"射击开始了。

这个时候不光解决冲锋队，而且还清算旧账，也有一个长长的其他对手的名单。党卫队们找到一个1923年参与镇压"啤酒馆暴动"的巴伐利亚政府领导人，把他押到杂草丛生的荒野，用一把尖锄将他杀害。施特拉瑟，希姆莱担心他也许仍会同希特勒和解，在柏林被逮捕并被关押进监狱的密室，在那里他被从后面射杀；他的死对外宣称是自杀。一支敢死队四处搜查一个慕尼黑医生，他一直支持奥托·施特拉瑟，由于悲剧性的错误，他们抓住一个同名同姓的男人，这个人是一个哲学博士和音乐评论家。那个人的尸体后来被送回他的家——装在棺材里，他的家人被勒令永远不许打开棺材。

这场清洗就是著名的"长刀之夜"，它持续了两天多时间。在这期间，没有履行任何法律程序，将近200人被逮捕，接着很快被杀害；某些被害人数的统计比这还多。只有一些零星的抵抗来自军队、德意志共和国总统办公室、法庭、警察局和幸存的冲锋队官员中。"从这一刻起，"希特勒后来夸耀道，"我要对德国人民的命运负责，因此我就是德国人民的最高法官。"

但是一个小时后——7月1日上午——这个最高法官还是不能决定恩斯特·罗姆的命运。前一天，希特勒召集了一次没有被清洗的冲锋队领导人会议，发狂地叫嚣（据报道，严格来说是一群口吞白沫，吓破了胆的听众）他已经下令枪毙罗姆。但是事实上希特勒不能这么做，在离开慕尼黑之前他告诉罗姆的前指挥部官员，冲锋队领袖的性命将会得到赦免。但是，回到慕尼黑，希姆莱和戈林拼命劝说他们的元首相信他不能够让罗姆活着。他们担心他，当罗姆宣布冲锋队从来没有妄图阴谋推翻希特勒政府时，会令元首相信他。最终，希特勒放弃了审慎的立场，下令枪毙罗姆。

这个任务交给了西奥多·艾克。在两个亲信的陪同下，他跨进施塔德尔海姆监狱的那间牢房，罗姆坐一张铁床上，赤裸着胸膛，大汗淋漓。"你自己害了自己的命！"艾克阴阳怪气地说，"元首又给了你一次解决的机会。"然后，遵照希特勒的专门嘱咐，艾克在罗姆面前放了一些有关"长刀之夜"报道的报纸——和一把上了膛的手枪。

党卫队在牢房外面的过道里等了静静的 15 分钟。接着艾克打开门，吼道："参谋长，准备！"党卫队们在直射程内开了两次枪。罗姆倒下，呻吟道："我的元首，我的元首。"艾克表示蔑视："你早就应该想到。现在已经太迟了。"他跺着脚离开了，心里非常清楚他为希姆莱和希特勒干得非常棒，因为他杀了他们最亲密的政治盟友。

两天以后，希特勒的内阁通过了一个一句话的法案。"为了镇压叛国活动而在 6 月 30 日、7 月 1 日和 2 日采取的措施从法律的角度来看是紧急捍卫国家政权的行为。"这样一来，这场血洗蒙上了一层合法的外衣。7 月 20 日，希特勒奖赏了希姆莱和他的部下。"鉴于党卫队做出的巨大贡献，尤其是与 1934 年 6 月 30 日发生的事件有关的行动，"他下令，"因此我提升党卫队为一个独立的组织。"回到办公室后，海因里希·希姆莱和莱因哈德·海德里希翻阅文档和资料卡片，开始把注意力转向第三帝国的其他敌人。

神秘组织
的黑暗仪式

对希姆莱而言，党卫队
不只一个狂热拥护纳粹党
的集团、肩负镇压第三帝国
敌人的重任；它还是一个高
尚的"日耳曼人的组织"——
受条顿骑士故事和中世纪传
说影响而产生的一个神秘的
兄弟会。为了在党卫队内培
育兄弟友爱，希姆莱设计了
壮观的入党仪式。每年的11
月9日晚上10点，即1923
年慕尼黑暴动的纪念日，即
将加入武装党卫队部队的士
兵们在希特勒面前宣誓。在
耀眼的火焰下，火焰为这个
仪式（右图）涂上了一层阴
森而神圣的色彩，新成员们
发誓"服从元首一直到生命
结束"。一个旁观者回忆那
时的情景："我热泪盈眶，
在火炬的照耀下，成千上万
的人一起重复这个誓言。就
像一个祈祷仪式。"

尽管有强大的影响力，
但只有庆祝仪式还不能确
保永久的忠诚。"一句发过
的誓言是不够的。至关重要
的是每个人都应该献身于他
存在的根基。"为了达到这

个目的，希姆莱规定了一些仪
式，使新成员与组织的关系更
加稳固。战功卓著的党卫队老
兵会得到指环和武器，上面镶
嵌着出自德国神话传说的象征
符号。党卫队士兵的结婚仪式，
他们孩子的命名仪式，都是经
过特别设计，取代了基督教的
圣礼——希姆莱用同样的方法
庆祝宗教节日，以非基督教的
节日取而代之。希姆莱再现过
去最重要的举措是将一座古堡
装饰一新，这是受亚瑟王卡米
洛王宫的启发，卡米洛王宫有
一个大厅是献给国王手下12
名主要的骑士。这些出身并不
高贵的成员相信，他们死后也
会被他们的兄弟们供奉起来。

不是所有希姆莱设计的神
秘仪式都受到党卫队士兵们的
衷心拥护，他们中的许多人仍
然声称信仰基督教。但是绝大
多数新成员学会各尽其职，遵
从他们自己都觉得很奇怪的仪
式——对这些被指望去死时毫
无怨言、杀人时毫不犹豫的成
员来说不啻是一种有用的训
练。

1938年，头戴钢盔的党卫队新队员准备在慕尼黑的忠烈祠里举行集体宣誓，宣誓的舞台被象征15年前啤酒馆暴动烈士们的火炬照亮。

"我的荣誉便是忠诚"

大多数念过党卫队誓词的新成员，不是在一个集体聚会上，就是在一个比较温和的纪念仪式上，成为普通的党卫队士兵。他们能够说出的唯一不同就是有权穿上黑色制服——一套吸引许多新成员的漂亮装束。那些忠心耿耿的人或是提拔到领导岗位的人有资格获得更特别的纪念品（下图），授予显著的标识物，这令人回想起德国的英雄传统。他们的短剑上刻着这样的字"我的荣誉便是忠诚"，这是希特勒模仿条顿传说中的骑士誓言，想出的一句格言。党卫队成员们戴着雕刻有神秘符号的指环和剑——这是在非基督教时代北欧尚武民族所使用的图形。

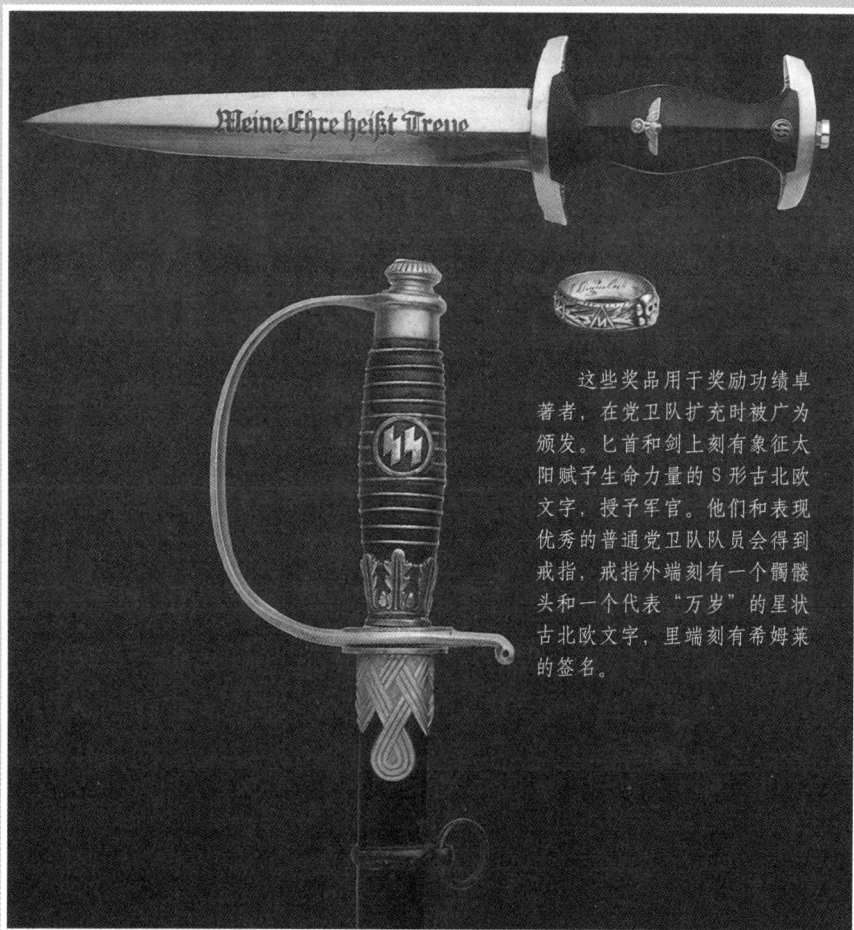

这些奖品用于奖励功绩卓著者，在党卫队扩充时被广为颁发。匕首和剑上刻有象征太阳赋予生命力量的S形古北欧文字，授予军官。他们和表现优秀的普通党卫队队员会得到戒指，戒指外端刻有一个髑髅头和一个代表"万岁"的星状古北欧文字，里端刻有希姆莱的签名。

手按一面奉为神圣的旗帜，非武装党卫队新队员在汉堡的一个仪式上宣誓效忠。

1937年，希姆莱向新委任的军官颁发剑和剑鞘。这些剑只能在庆典仪式上佩戴。

经过挑选的夫妇的世俗仪式

希姆莱对种族纯洁的狂热，加上他对基督教圣礼的蔑视——他认为这种圣礼只适合软弱的人——发明了一种培养标准党卫队家庭的奇特计划。在结婚前，一个党卫队男人必须证明他的未婚妻同他一样遵守雅利安人的传统美德。教堂婚礼仪式被非基督教的党卫队仪式所替代，仪式由新郎的指挥官主持。同样的仪式也用于婴儿的"洗礼式"，一些婴儿出生于"生存空间出生中心"，为鼓励怀孕而建立的免费党卫队产妇家园。

不只一些人发现这些结婚规定不能忍受。1937年一年，300名党卫队成员由于未经批准结婚而被驱逐出党卫队。

作为党卫队队员的新郎和新娘穿过一个由行纳粹礼的同事们组成的拱廊，气氛庄重。

为了提高生育率，党卫队和纳粹党都开办了像这个温馨的托儿所一样宽敞舒适的产妇家园和育婴室。

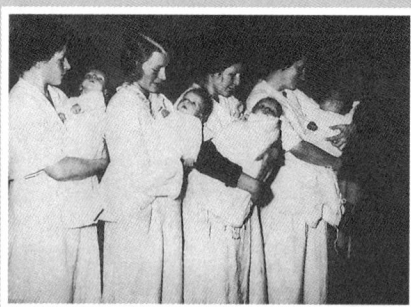

妇女们在梅克伦堡的一个产妇家园里抚育她们的婴儿。来到这些家园的许多人都是未婚母亲。

在供奉希特勒画像的圣坛里举行的命名仪式上，一位党卫队军官将手放在婴儿头上。

庆祝非基督教
节假日

在一份1936年的备忘录中，希姆莱按照非基督教和政治先例，宣布了一个经过批准的节假日，这些节假日意味着要断绝党卫队成员对基督教节日的依赖。这个名单包括4月20日，希特勒的生日；五一劳动节和夏至；一个丰收庆宴节；还有11月9日，啤酒馆暴动纪念日。

在希姆莱的方案中，一年的高潮是冬至，这个节日里党卫队队员们团聚在一个烛光宴会桌旁，围坐在熊熊燃烧的篝火前，这令人回想起古老的日耳曼民族仪式。但是这些圣诞节期间的火焰并不预示着和平。1938年党卫队的报纸《黑色军团》中写道，"东方的巫师现在已经把恐惧的目光投向我们冬至之夜点燃的熊熊火焰"。

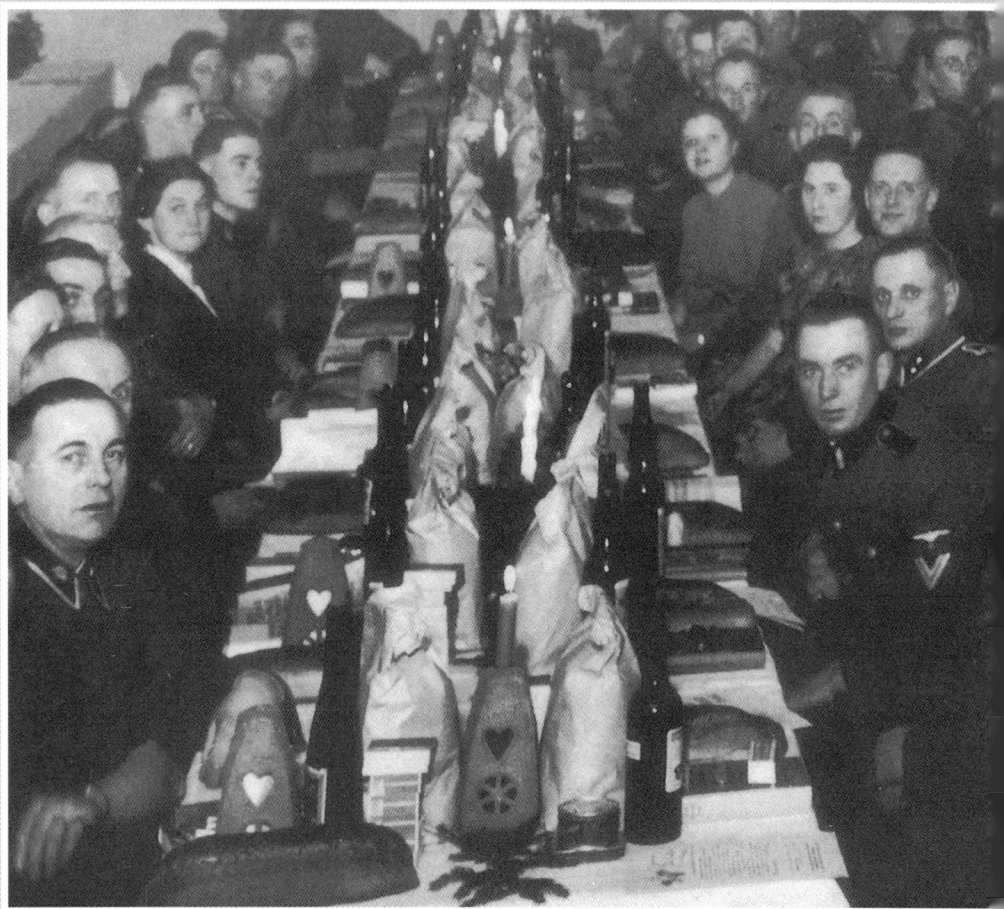

1937年，面对圣诞篝火，希姆莱（左）站在两个手执节日花环军官的旁边。

1943年，柏林附近纽因盖姆集中营的看守和工作人员集体共进圣诞晚宴。每个座位前摆着葡萄酒、面包和另一个集中营——达豪集中营犯人生产的烛台。

中央集团
的一座圣殿

1934年希姆莱选择了威斯特伐利亚一座悬崖顶上衰落的城堡作为党卫队的最高圣殿。这就是著名的韦韦尔斯堡，对这座17世纪的城堡花费了300多万美元进行了彻底翻修，绝大多数人认为劳力都是从集中营关押的人中无偿抽调的。这座圣殿有一个藏书12 000册的雅利安研究图书馆和一个洞穴似的餐厅，餐厅里有一个亚瑟王式的圆桌供希姆莱和12名心腹助手使用。据报道，希姆莱的每个圆桌骑士都收到一件配有武器的外套；当中有人死后，他的遗体在最高领袖厅正中被火化（下图），他的骨灰安放在一个骨灰盒里，放在12个座位中他的座位的顶端。

神秘的光线穿过韦尔斯堡的窗户投进纪念大厅，大厅上方刻有一个卐字。

韦韦尔斯堡，上图是修复之前的模样，既是希姆莱的避难所，也是一个种族研究中心。

党卫队荣誉警卫分队的几名成员身穿冲锋队式样的褐色衬衣，在一个烛光守夜期间守卫着同事的灵枢。希姆莱军团的一些人员直到1934年还穿这种衬衣。

党卫队
的死亡方式

死亡同活着时一样，党卫队想方设法使它的成员不同于非党卫队成员。但是，尽管官方要求放弃与教堂的联系，可是党卫队里的很多人发现很难放弃一个基督教的葬礼。1933年一名柏林党卫队队员被政敌杀害，在他的瞻仰遗容仪式上（左图），悬挂纳粹党徽的花圈堆放在他棺材的底部，对比摆放在他头上的孤零零的十字架显得十分怪诞。

战争一爆发，所有的基督教象征几乎都消失了。现在古北欧文字形状的党卫队墓碑标记（下图）清楚地表明一个特殊组织成员的死亡。

一名1942年11月28日死于苏联的党卫队士兵的墓碑上刻有铁十字。这个墓碑由代表生命的Y形古北欧标志和它的倒转形式——人形死亡标志——构成。

2. 创建最高警察武装

警察督导弗兰茨·约瑟夫·胡贝尔从来没觉得如此焦虑。1933 年 3 月，无论胡贝尔还是许多其他德国人都不知道他们的新总理阿道夫·希特勒会做什么，但是胡贝尔比大多数人更有理由害怕。作为慕尼黑警察政治部的一员，他多年来干了每件可能的事来阻挠纳粹党和它的支派，冲锋队和党卫队，他走得太远，甚至亲自在公共场合抨击希特勒。他非常熟悉海因里希·希姆莱的手段，他刚被任命为慕尼黑警察局局长，也了解希姆莱面色冷峻的助手，莱因哈德·海德里希的手段。因此他毫不奇怪，他后来说，这两个纳粹党人中的一个掌权后的第一个行动就是发给他一个"所谓的蓝色信件——在决定还要继续雇佣我前中止所有工作"。

如果失去工作是他遭遇的最大不幸的话，那么胡贝尔真得谢天谢地。但是现在他被命令向他那个部门的新老板海德里希报到。这次传唤让胡贝尔充满了恐惧；他知道巴伐利亚和整个德国上下，纳粹的敌人被成百上千地关押起来，许多人受到拷打和被枪毙。同海德里希谈过话后，他也许会成为当中的一员。

心脏剧烈跳动，他坐在 29 岁的金发男人对面，这个人突然间控制了巴伐利亚成千上万人的命运。海德里希是"一个高大、令人印象深刻的人",一个下属回忆,"有一个宽阔、与众不同的高额头,一双像野兽一样狡猾东瞅西看并具有神奇力量的小眼睛,一个长长的鹰钩鼻,一个宽大、双唇饱满的嘴。他的手纤细而且相当长——容易让人联想到蜘蛛的腿。他良好的身材被他的臀部破坏了,一个令人不安的女性形象,这使他看上去更阴险"。

海德里希让胡贝尔备感煎熬地坐在那里静等了很长时间。胡贝尔看到海德里希正在仔细阅读一份名单;一些名字打上了一个小叉,它的意思只有让胡贝尔去猜了。最后,紧盯着胡贝尔,似乎在盯着一个他可能要捏死的虫子,海德里希问,"你是哪个胡贝尔?"尽量使声音显得平静,胡贝尔重复了他的全名。海德里希又查阅了一下名单,用他那冰冷的眼光死死盯着胡贝尔,接着宣布了判决:这个督导可以回到他原来的岗位。

就这样,惊奇不已的胡贝尔开始了第二个职业生涯,在这期间他成为警察帝国的一名高级警察,并把他的热情从攻击纳粹转到了追捕纳粹的敌人。正如海德里希所察觉到的,胡贝尔是一个彻头彻尾的职业警察,如果他想在德国的纳粹化中完成自己的任务,海德里希需要这样的人。希姆莱就是设想在纳粹党内部

莱因哈德·海德里希秘密利用他作为党卫队保安处头目的有利地位不断敲打纳粹领导人以及他们的对手。他甚至掌握有关希姆莱和阿道夫·希特勒的档案。

成立一支精英部队——党卫队——而且为获得最高权力做了多年的准备工作，因此海德里希一直有种想法，在党卫队内中成立一支经过选拔的队伍，这支警察武装能够保护党卫队抵抗来自内部和外部的敌人。在这个梦想的完整形式里面，这支部队的任务是纯化德国人民，不光清除国家中纳粹的有形敌人，还有纳粹的批评者、持不同政见者、甚至那类称作"怕工作的人"。

但是，当希姆莱还被种族纯洁和一个主要民族的培育问题所困扰时，海德里希采取了一种更现实的方法积聚权力。他想成立一支由冷酷无情的士兵组成的武装，这些人能够坚定不移地搜出敌人，不论是刑事罪犯还是政治敌人；毫不怀疑地执行命令并接受谁是敌人的新定义；在追捕可疑的领导人时不带私人感情进行分析；在镇压反对者时凶狠残忍。海德里希在像胡贝尔这样的人中寻找他想要的人；由于他们的努力，再凭借他自己扭曲的理想主义和不停地工作，他得以锻造出一支历史上最有权势和最令人畏惧的警察武装——盖世太保。

首先，莱因哈德·特里斯坦·欧根·海德里希是一个音乐家。他从1904年出生起就一直被音乐所环绕（差不多比希姆莱小四岁，他太小根本未参加过第一次世界大战）。他的母亲是一个多才多艺的钢琴师，他的父亲是一名歌剧演唱家、一名作曲家和一个理查德·瓦格纳的狂热崇拜者。他父母共同在东部城镇哈雷经营一所音乐学校。莱因哈德成为一名一流的小提琴手；多年后，他仍然能够拿起一件乐器，以娴熟的技艺和极佳的乐感拉出一支悲哀的曲子，有时他一边演奏一边感动得哭泣。

他的学校时光并不幸福。在一个新教气氛浓重的城市作为一名虔诚的天主教徒，他发现自己在校园里处于最可怕的情况——少数派的一名成员。（另外，一件令他痛苦之事很快使他成为另一类少数分子，别人笑骂他是一个犹太人——这个指控来源于这样一件事实，他守寡的祖母后来再嫁给了一个男子，这人的名字被认为听起来像个犹太人。）海德里希又进一步被一种假声所困扰；他的同伴嘲弄他，大孩子时常打他；他在学业上的优异表现没有赢得什么崇拜者。他也没有从他家庭的高贵社会地位和豪华住宅中得到更多的安慰；她母亲是个推崇严格教育的人，相信经常鞭打孩子对学习和宗教信仰有益处。莱因哈德成为一个闷闷不乐、性格内向的年轻人。

只是在紧随战争和革命而来的通货膨胀令他家庭破产后，他才懂得感激家庭的经济富裕。1919年，15岁的他加入了哈雷的德国自由团，这个组织是用来对抗当地的共产主义的，但是他从未看到采取过行动。这段简短的军事生涯经历，以及夏天在波罗的海海边度过的假期，加强了他想成为一名海军军官的愿望。小而精锐，战后德国海军能够提供很多：一个经济困难家庭孩子的免费教育，给予一个受迫害的年轻人以威信，以及服役

十年后一笔有保证的养老金。1922 年 3 月他成为一名
海军军官学校士官生。

在基尔，德国的主要海军基地，海德里希又重新
陷入到校园的痛苦。他现在有六英尺多高，但是笨拙而
骨瘦如柴，他尖锐的声音、有节制的生活习惯和对音乐
的热爱不断招来大量的嘲笑，经常都是指他可疑的犹太
人背景。另一个士官生称他"摩西·韩德尔"，或是挖
苦他像羊叫的声音，称他"公山羊"。一个教官，他喜
欢在训练期间让他的士官生们脸先着地摔倒以测试他们
的勇气，经常半夜叫海德里希来演奏小提琴，总是要求
听感伤的托塞利小夜曲。海德里希永远也不会忘记这个
专横的教官，他把他描写成一个"矮小、肥胖、圆脑袋
的东方人形象"，他也忘不掉那首曲子；只要任何时候
出现这首曲子的旋律，他就机械地关掉收音机。

倔强、傲慢，海德里希坚持下来了。甚至超过了
希姆莱，他刻苦努力取得了超越他资质的进步。1923
年他继续在"柏林"号巡洋舰上训练。海德里希被威廉·卡
纳里斯，这艘舰的第一位舰长，邀请参加他妻子的音乐
晚会，因此他同当地社会有了联系。海德里希的音乐天
赋、机敏反应、英俊外表——笨拙和皮包骨头的他已经
成长为一个标致而精干的人——给他提供了一个令人神
往的新爱好：勾引妇女。对一个士官生来说，这是很危
险的；他的一位战友回忆途经巴塞罗那上岸，一个年轻
的良家妇女不但令海德里希遭受挫折而且还羞辱了他，

并告到他的指挥官那里，指挥官命令海德里希做出一个正式的道歉。

一个时期以来，不管是海德里希的缺陷还是他遭受的挫折都没有影响他的发展。1926 年他被任命为海军少尉并在一艘过时的战舰"石勒苏益格—荷尔斯泰因"号上担任通讯军官，它是德国波罗的海舰队的旗舰。尽管他的信心增长而且不会轻易屈服，但是周围的军官依然拿他尖细的声音取笑他，他的下属抱怨他傲慢自大，但他仍然是一个不可阻挡的人。"他从不满意已经取得的成绩，"一位海德里希的朋友回忆他的海军生涯，"他总是想获得更多。当他还是一名中尉时就梦想成为一名将军。"

同样，海德里希生活中的女人总是不够，1930 年他玩女人的嗜好导致了一场灾难。在一个划船俱乐部的舞会上，他遇到一个名叫莉娜·冯·奥斯滕的妇女。接着发生了一段罗曼史，12 月他们俩宣布订婚。这个消息造成了另一个年轻女人的痛苦，她认为她已经订婚将嫁给海德里希。当海德里希冷酷地拒绝她的要求时，她的父亲，一个对柏林的海军部有影响的海军造船厂总监，呈递了一份诉状。海德里希发现自己正在被调查；任何一名德国海军军官都不允许以如此不体面的行为对待一名德国妇女。

他告诉名誉法庭他是无辜的，那个女人在撒谎。他以毫不掩饰的轻蔑态度回答了问题，但是，他因违抗命令而遭受惩戒。他的态度促使法庭得出结论，尽管他的罪行相对比较轻，但是它带来了这样一个问题："是否还应让这么一名军官继续留在海军里？"海军上将埃里希·雷德尔心中已经做出了决定；1931 年 4 月，法庭判决出来了，他判决海德里希中尉由于"有失荣誉立即退役"。

海德里希崩溃了。他不仅是没料到这样的打击，而且是再有一年他就有资格拿到一笔退休金。他无法使自己接受本来就很少的平民工作当中的一个——比如在一个游艇俱乐部作划船教练——在一个充满失业的国家，这个工作对他会很有用。他仍然同那个他为之断送军事生涯的妇女订婚，而她仍然对他忠贞不渝，尽管他的父母反对她嫁给这个不体面的年轻人。"开除出海军是他一生中最沉重的打击，"多年后琳娜回忆，"虽然失去了赚钱能力，但真正让他感到痛苦的，是他曾全心全意献身于军官这个职业。"

海德里希的母亲，显然最关心的是她儿子社会地位的丧失（而且她认为琳娜是一个比较差的结婚对象），她一直在为儿子寻找合适的机会。他们家一个朋友看来同纳粹党和党卫队有高层联系，它们的成员越来越被认为是社会以及政治精英。琳娜同意向这个方向发展；她和她的弟弟有一段时间一直是狂热的纳粹党员。海德里希同意加入纳粹党并接受一个安排好的同党卫队国家指挥官的见面。

　　希姆莱这时正在寻找合适的人选为他的新组织建立一个情报部门，现在大约有 10000 人的强大队伍。1930 年的选举使国家社会主义党成为这个政治分裂国家的第二大党，他们的活动受到政府、其他政党、和新闻界严密监视。希姆莱已经有负责国内安全工作的人选——这个人实际上是在慕尼黑警察局政治部工作的密探（无疑当时的督导胡贝尔知道此事）。显然，希姆莱后悔同意见海德里希；在安排会面的前一天，他取消了这个计划。但是海德里希，在他未婚妻子支持下，不管怎么样还是来了，希姆莱只好不太情愿地接见他。

　　希姆莱，在这个领域没有什么实践经验，错误地认为这个年轻的申请人在海军情报部门工作过——尽管海德里希对情报工作的真正了解也只局限于课堂上学的东西。海德里希日耳曼人的外表和冷酷自信给希姆莱留下了深刻印象，他决定做一个类似学校校长的测试：他问海德里希如何看待一个党卫队的保安部门，并给他20 分钟时间草拟一个计划。海德里希回想他读过的海军和间谍惊险小说，拼凑出一个计划并加以军事术语的修饰，把它交给了希姆莱。现在依然不清楚党卫队头子是对海德里希的身体特点更满意，还是对 20 分钟的测试结果更满意，反正海德里希被录用了。（那个没有得到工作的告密者在纳粹掌权后自杀了。）

　　海德里希搬进了被人称作褐色大厦的慕尼黑纳粹党总部。他的薪水很少——举个例子，远远少于划船教练的薪水——而且他的办公设施是在一间合用的屋子里摆放了一张椅子和一个厨房餐桌，只有一个打字员。但是，他对他的新行业很快显示出高超的才能。静静地、有条不紊地，海德里希开始整理希姆莱有关对手密探的松散档案，并制订计划解决他们。在许多方面，他似乎是他老板的一个精华版；海德里希是一个狂热的工作者，就这点来说，希姆莱仅仅是强迫自己工作，相比他的羞涩但更亲切的老板，海德里希似乎是一个虔诚的隐士。此外，海德里希有能力表现出致命的威胁，而希姆莱，也许曾经试过，除了暴躁外无法显得更可怕。

但是，更重要的是，海德里希迅速掌握了他正在管理的政治联盟的错综复杂性和他正在监视人的动机和忠诚度。按照希姆莱的按摩师和密友福里克斯·克尔斯滕的说法，海德里希的脑子是"一个活的卡片索引、一个能收集所有细线并把它们编织在一起的脑子"。只用了几个星期整理和增加一些随意收集的报告、控告、谣言、怀疑和告发后，海德里希于 1933 年 8 月令人震惊地召开一个党卫队领导人会议，宣布纳粹党已经被间谍和蓄意破坏者所腐蚀。他说，党卫队一定要清洗。每支党卫队部队必须有一个保安支队以清除不忠诚的人。

不久有了一个重要的法令。敌方侦察和反间谍机构强烈要求在纳粹党内拥有至高无上的权力，而且他们都在把一般纳粹党员当特务使用。海德里希想吸收他自己的人。为了表明这为什么是必需的，他揭发出一个密探，另一个慕尼黑警察官员，他以党员名义进入褐色大厦。海德里希把这个人变成了一个双重特工。

希姆莱完全被打动了，给予海德里希一些人员帮助（尽管不是他自己的打字员）并且允许他搬进一个单独的办公室，他立刻在办公室里增加了越来越多的盒子，里面装满了索引卡片。不但有越来越多的卡片，而且有越来越多可能是敌人和腐败的分类：贵族、天主教徒、共产主义者、保守主义者、政治上活跃的犹太人、共济会员以及受贫穷、巨额债务或隐藏的丑闻所折磨的纳粹党人，而且这些互相联系需要重点监视。比如说，犹太共产主义者或者身为共济会员的社会主义者，就被归于一个特殊的"有毒"类档案。这项工作只是被1931年12月海德里希同琳娜·冯·奥斯滕的婚礼简短打断过。

海德里希获得了迅速的提升；到12月他已经成为一名党卫队的主要领导。但是，1932年6月他的新职业生涯遭受了一个令人震惊、可能是致命的挫折。有人又一次称海德里希是一个犹太人：哈雷的一个纳粹官员收集到那些旧谣传。想到保安部门的首领是世界犹太人组织的特务，惊恐传遍了党卫队各个总部，全面的家谱调查随即开始。简短的结论是："海德里希是纯正的德国人，没有任何有色或犹太人血统。"

到7月，海德里希不但将他的反间谍机构建成一个正式的组织，叫作保安处，而且轻易地将保安处从党卫队的指挥系统中脱离出来，让他们只向他负责。当然，海德里希递给他年幼的儿子一个玩具球，1934 年他的夫人琳娜照看他们在慕尼黑的家。在他的工作中，海德里希更多依赖威胁而不是劝诱，甚至连无情的党卫队队员也称他为"金发野兽"。

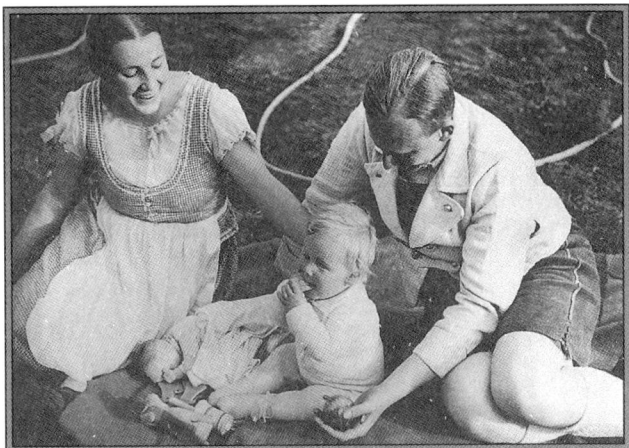

他要向希姆莱汇报，是希姆莱奖励他，提拔他为党卫队大队长。这两个人的关系非常难处理。海德里希知道他的提升完全依靠他纳粹老板的好心情，而且他无疑还记得他对上级的无礼导致他被海军开除。他对希姆莱是绝对服从，但私下里发火说他老板是一个笨蛋，"总是操纵和调整船帆以适应风向；他永远不会负责任"。必须痛苦地服从希姆莱，他私下里解除烦恼的方法是，海德里希告诉他妻子，就是想象希姆莱"在他的内裤里；然后每件事都好办了"。

与此同时，希姆莱感觉自己被他的助手包围了。海德里希通过全面的研究起草了许多建议，然后以一连串的事实为依据呈递上这些建议，并小心谨慎地进行论证。"有时我有种印象，"他向一个同龄人讲，"这些建议论证完一个后希姆莱就完全晕了。"不能断然拒绝他的助手，党卫队头子总是屈服，甚至有时他完全不同意并且根本不想执行这个建议。他只有事后改变命令，声称他接到了希特勒的新指示。希姆莱有时也会大发雷霆。"你和你的逻辑，"他有次对海德里希吼道，"除了你的逻辑，我什么也没听到。我提议的每件事，你都用你的逻辑将它击碎。我受够了你和你的冰冷、理性的批评。"被吓坏的海德里希退却了。希姆莱很快忘记了他的勃然大怒；海德里希却很可能不会这样。

尽管不时发生冲突而且世界观也完全不同，但是这两个人发展起一种不平常的合作无间关系，这种关系建立在他们内心共有的强烈野心上。他们俩想要超越他人的动力把他们凝聚在一起，这有些使得他们谁也离不开对方。1933年1月纳粹即将掌权时，他们的伙伴关系遇到了初期的考验。当魏玛共和国濒临垮台而恶意的权力斗争在柏林的党的领导层展开时，遥远的慕尼黑却非常平静，慕尼黑的纳粹党负责人没有接到总理希特勒的安排。巴伐利亚甚至显示出反对新统治的迹象，直到3月9日它才接受了柏林任命一名州总理的命令。在海德里希手枪的指引下电报送到慕

柏林警察用他们两个穿着便衣的同事练习捉拿嫌疑犯。这样的技巧在1931年派上了用场，普鲁士内务部长赫尔曼·戈林要求大规模搜捕共产党和社会党人。

1933 年 4 月，在镇压左翼以及其他被打击团体的行动中建捕的犯人在巴伐利亚监狱的天井里放风。这些嫌疑犯只是被告知他们正被"保护性监禁"。

尼黑的州总理办公室，他身后是一支党卫队小分队。

　　那时巴伐利亚的纳粹恰好抓住了他们的机会。阿道夫·瓦格纳，纳粹的地方长官，或称巴伐利亚州纳粹党主席，成为内务部长。希姆莱被任命为慕尼黑警察局长（海德里希负责政治部），一个月后希姆莱成为巴伐利亚政治警察的指挥官（海德里希是他的副手）。这都是些次要的职位，远离斗争的中心，但是这两个小官员决心最大限度地利用他们的权力。"多么悲惨，"希姆莱假惺惺地说，"我的新工作将只让我同那些最下贱的人打交道，同罪犯、犹太人和国家的敌人，这个时候我全部的思想和努力都是为我们民族的精英服务。但是元首安排这个职位给我。我无法逃避。"就希姆莱对工作的感觉来说，比较幸运的是，他的助手海德里希已经准备好一个重新组织的计划，这计划将完全改变警察的角色。

警察官员
政治化

组成一个卐字以显示他们对纳粹的忠诚，1934年柏林体育节上警察们对天齐射。

"一名警察手枪枪膛里射出的每一颗子弹现在都是我的子弹。"赫尔曼·戈林1933年2月宣布,此时他的普鲁士警察残忍地镇压左翼分子。"如果有人称这为谋杀,那么我已经谋杀了。"

戈林是第三帝国第一个将个人权利建立于警察之上的官员,但是希姆莱和海德里希也想在全国范围内实现这个野心。他们做起来没有戈林那么嚣张,因为必须确保希特勒作为正在形成的警察帝国的最高领袖得到足够尊敬。当元首看到他的警察列队正步从他面前经过时(下图),他可以安心地得出结论,他们的武器就是他的武器。而有效地控制这个庞大的国家机器以及它的复杂人员——从指挥城市交通穿制服的官员到混入人群的便衣盖世太保——全依赖党卫队的领导人们。

三十年代后期,希特勒检阅正步行进的警察。这样的军事技能训练长期以来一直是德国警察训练的一部分。

巴伐利亚全部纳粹化的那天晚上，现在拥有这个州的全部权力的希姆莱的党卫队和恩斯特·罗姆的冲锋队，在海德里希保安处侦探按照索引卡片的指引下，全体出动以建立他们的统治。根据总统令，警察有权搜查房屋、没收财产、拘捕被怀疑的国家敌人，所有这些都不需要法院下令或法院审查。为这些紧急状态权力寻找的借口是臆想的共产主义暴动的威胁，二月份的国会纵火案被拿出来作为这种威胁最危险的事例。

的确，巴伐利亚同纳粹德国的其他地方一样，共产党是第一个感觉到所谓"预防性关押"的影响的。但他们只是许多人中的第一批。最终巴伐利亚每一个共产党积极分子被关押后，海德里希继续拿出卡片并派出小分队——拘捕社会党人、商业工会会员、然后是天主教政治家。同时希姆莱恳请柏林给予更多的钱来资助不可缺少的"艰难的基本工作"，以便开始编辑更多的索引。"外国公民的巴伐利亚卡片索引中心，将要重新建立，"他写道，"必须要写大约 20 万个索引卡片。"

这些搜捕的结果是，巴伐利亚的各个监狱很快就爆满了，这促使内务部长瓦格纳提出一个夹杂着讽刺的建议："我建议采取以前用来大规模拘捕国家社会主义德国工人党的方法。这会令人回想起他们被关在破旧的小屋里，而且没人管犯人们是否暴露在风雨中。"他提出建议还不到两星期，在达齐奥一道围栏围绕一个没有使用过的军火工厂迅速建造起来，巴伐利亚有了它第一个集中营——希姆莱宣布，能容纳 5000 人。

在这次猛攻下——到 1933 年底海德里希扬言拘捕了 16409 人——反对纳粹统治巴伐利亚的人消失了。尽管许多有嫌疑的国家敌人没有关押很长时间（在同样的九个月时间里，海德里希汇报有 12 544 人被从监狱里释放出来），这番经历的惊骇和屈辱一般来说完全足够令那些被拘禁者沮丧和畏惧的了。

敌人的名单继续增长，而且继续有人失踪——现在是僧侣、记者和所谓的反动分子。一个叫路易斯·施特拉瑟的人，是一家鞋厂的业主，被押走，原因是他付给工人的工资少于正常标准并且反对纳粹在这个问题上的强制政策，他说他是他自己工厂的主人。对巴伐利亚人民使用这种专制权力对希姆莱和海德里希来说是一个令他们陶醉的经历，但是光有地方权力还不够。"现在党卫队应当渗透到警察里去并在里面组建新的组织。"海德里希说。希姆莱把这个意思表达得更加直白。"一个全国性的警察武装，"他宣称，"是一个国家能够拥有的最强大的关键性事物。"

德国不缺少警察。每个州和大城市都有自己的武装，它们同样有佩戴手枪穿制服的人员，执行保安任务，也有进行罪行和政治调查的便衣部门。对于政治警察，官方态度是比较矛盾的。1918 年后他们已经停止发挥效用，但是新政府很快意识到来自内部的威胁同旧政府时期是一样的,对政敌的监视又重新引入到各地的警察部门。但是,这都是些地方组织,不在联邦政府控制之下。

希姆莱和海德里希认为这种现状不能令人满意。如果纳粹党想要巩固自己的政权并且要不受挑战地向自己的目标前进,它必须首先牢牢地控制国家的警察,然后充分利用众多警察组织的潜在力量。希姆莱和海德里希想要在巴伐利亚实现这个想法,方式就是赢得对当地政治警察武装的控制,把它们从一般警察中独立出来,并且一步步地把它们建成一个全州性的组织。海德里希一直全面地准备最终掌权,并且正当党卫队小分队残忍地四处搜捕时,他和希姆莱正在把慕尼黑,接着是巴伐利亚的政治警察转变成一个扩大了的恐怖工具。

首先,政治不可靠和无能的警察官员必须得走;海德里希知道他们是谁,并且将他们开除。然后是受过良好训练的专业警察被选出来负责每项行动;海德里希的丰富的卡片档案中有这些具有潜能的新成员的姓名。他不至于笨到将他所有职位都塞满纳粹党人;没有足够的有能力的人供选用,而且他决定不雇用被他称作"党经常使用的蠢人"。他坚信在一些纳粹的前敌人中能找到他需要的人——警察和学者都有。在他吸收了一些专业的纳粹猎手时,例如弗兰茨·约瑟夫·胡贝尔和他在巴伐利亚政治警察的同事,海因里奇·穆勒,他的特长是追捕共产党员,这种自相矛盾的期望得到了肯定。海德里希把这些人吓得半死,再把他们的恐惧转化成感激,并看着他们代表国家社会主义党狂热地投入到他们的新工作中去。

第二步，海德里希的手不仅要伸到党外——胡贝尔和穆勒都不是纳粹党员——而且还要超出警察这个行业。海德里希长期以来一直是英国秘密特工处的推崇者。他视它是一个为他们祖国献身的杰出知识分子的群体，而且他认为它的表现已经远远超过德国的情报机构。他决心改变这种局面，从他的保安处建立后的最早时期开始，他就在纳粹世界里积极地招收合格的知识分子。法律、经济、机械或者图书学位对海德里希来说，比纳粹党的证件更重要。当然，党还是很重要的——不仅是因为希姆莱崇拜他的理想，而且因为纳粹党是一个非常有用的杠杆，利用这个工具可以使政治警察避开文官政府和法律先例的限制。

希姆莱和海德里希希望除了希特勒外不服从任何人和任何法律。这最先在集中营这个问题上反映得非常明显。不像柏林的那些冲锋队流氓，他们不关心从他们控制的监狱里传出的枪声和尖叫声是否能被听见，希姆莱近乎苛求地防止公众了解他的集中营的情况。然而，刑讯和死亡的传说迅速传开，特别是来自达齐奥的。这就产生了一个问题。

1933 年 5 月初，慕尼黑的公众检察官调查了一件又一件达齐奥的可疑的死亡案件，经常发现刑讯和殴打可能是死亡的原因。那一年的后期他以鼓励谋杀的罪名正式起诉达齐奥的三名高级官员。希姆莱被迫解除了集中营指挥官的职务。盛怒之下，希姆莱要求阿道夫·瓦格纳建议，"囿于州政策的理由"巴伐利亚内阁应当禁止未来对集中营的调查。但是对邪恶视而不见并不是这个州的政策；内阁拒绝集中营免除法律的监督。但是，为了达到他的目的，希姆莱有了其他方法。他向巴伐利亚的高级州法官瓦尔特·塞普提供了一件时髦的党卫队军官的黑色制服。尽管塞普是一名纳粹，但是他一直支持对集中营进行调查。希姆莱让他相信，凭他的新职位他将会更有权力处理达齐奥的任何问题，塞普接受了。从此以后，基本上没有抗议的声音了，大规模逮捕、殴打和谋杀仍在继续。

希姆莱选择西奥多·艾克为达齐奥新的指挥官。艾克，一名狂热的党卫队军官，以他的残暴手段出名，但是他也被认为是一个有水平的新成员和组织者。为了满足对集中营警卫的需求，希姆莱和艾克成立了一个新的党卫队形式——髑髅队，它的成员有权在领章上戴髑髅下二股骨交叉之徽章。

因此，到 1934 年初，希姆莱和海德里希依靠一个精心策划和残忍杀害的进攻，已经征服了德国一个重要的州。另外，海德里希检验了那些程序并建立了一个国家警察武装的核心。正当他的保安处准备攻击巴伐利亚时，他的政治警察现在已有能力同整个德国对抗。但是他们受到另一个纳粹官员的阻拦，他具有同样的野心而

1933 年 1 月，纳粹举行一个集会期间，一名反对游行的共产党人被柏林警察打倒在地上。对执法部门的控制可以使纳粹能够通过威胁和拘捕手段消灭反对派。

且比他们更早认识到政治警察的重要性。这人就是赫尔曼·戈林，他同阿道夫·希特勒的关系比希姆莱更亲密——因此在党内有更大的影响力——同时他掌握普鲁士州的大权，普鲁士州包括德国首都柏林并且是唯一一个比巴伐利亚更大的州。

1933 年 1 月，巴伐利亚纳粹化前几个月，戈林在国家和普鲁士政府里接受了几个部长级职务。作为普鲁士的内务部长，他负责首都和德国三分之二国土的警察工作。像希姆莱和海德里希一样，他很快意识到在纳粹钩心斗角的世界里，不受限制的警察权力将是决定性的。他给予这个问题他全部的注意力，但是不得不谨慎行事。他的许多一般警察官员不是冲锋队的成员，对罗姆忠心耿耿，就是党卫队成员（戈林的普鲁士警察总长，克特·德鲁格，是一名党卫队的重要将领）。他不能忽视这个事实，巴伐利亚的双重奏对他的愿望构成一种严重的威胁："希姆莱和海德里希永远来不了柏林。"他发誓。

戈林迅速行动，把普鲁士政治警察同州警察组织的其他部分分隔开。政治部门交给一个没有任何党派关系的人，鲁道夫·迪尔斯，普鲁士内务部的一名高级文职公务员。同戈林一样，迪尔斯有享乐的嗜好，但也是一名能干的管理者。戈林授权柏林的政治警察不用考虑州法律的限制。他让他们从警察总部搬出来，搬进他们自己的地方，地点就是很快变得声名狼藉的艾伯莱希特亲王大街 8 号。接着他建立了一个全州性的机构，这个机构吸纳了整个普鲁士的政治警察。在一份备忘录里他解释道：这样做的目的是"为了政治警察始终如一的更高的方向"。戈林把这支新武装命名为"国家秘密警察"。一名负责把这个名字缩写成一个免费邮戳的邮局职员发明了这个恐怖词语，他把这个组织缩写成盖世太保，这个组织很快也被公众称为盖世太保。

到 1933 年大选时，戈林已经牢牢地控制了德国最大的警察武装，并且他非常高兴地发动他的警察武装反对这个新组织的对手。由于戈林几乎取消了对这个警察

这是所有党卫队队员戴的铝制髑髅帽徽——包括恰如其分命名的髑髅旗队，它负责看守集中营。

西奥多·艾克，达豪集中营司令，吩咐他的看守要"冷酷无情"地对待犯人，以不辜负他们的髑髅标志。

1936年，希姆莱（中）和鲁道夫·赫斯（未戴帽子）在达豪视察一个扩大后集中营的模型。它的扩建以及1936年萨赫森豪森和1937年布痕瓦尔德集中营的建立，标志着党卫队决心将预防性拘捕作为一个永久性武器来使用。

武装的所有法律限制，他宣布50000名冲锋队和党卫队成员将成为"辅助警察"，这样他们就能够参加搜捕。

"我没有义务遵守法律，"他兴奋地说，"我的工作很简单，就是消灭和根除——没有别的。"

受到这样的鼓舞，那些受委派的冲锋队恶棍们肆意疯狂打杀，行为骇人听闻以致触怒了一些长期习惯于滥用暴力的人的神经。这帮到处浪荡的恶棍把人从家里和街上揪出来，把这些茫然不知所措的人成百上千地塞进临时建造的拘留中心——光柏林就有50个这样的拘留中心。囚犯在那里受到残暴的虐待。甚至戈林自己都被他一手促成的事情震惊了，特别是当他发现他已无法控制这种行为。冲锋队太难以控制并且命令太多的戈林自己的警察官员向冲锋队效忠。他决定，他所能做的就是安然度过这一关。

　　另一方面，迪尔斯开始向极端主义宣战。他既不是一名纳粹也不是一个残忍的人，他命令他的政治警察追踪行凶者，将他们逮捕，然后强迫他们释放他们关押的囚犯。在一次行动中，迪尔斯的人，携带机枪，包围了柏林一个冲锋队的拘留中心，并迫使褐衫队投降。里面看到的情况令迪尔斯深感厌恶：受到残忍和有组织殴打的囚犯，"12 个左右的恶棍被雇来轮流用铁棒、橡皮警棍和鞭子殴打他们的牺牲品。当我们进去时，这些只剩下骨头的人一排排躺在污秽的稻草上，伤口正在化脓"。

　　戈林允许迪尔斯阻止褐衫队最恶劣的暴行，但是考虑到冲锋队的势力，没有给予他公开的支持。与此同时，党卫队分子以他们自己的方式在戈林的盖世太保里工作，党卫队的组织已经将它自己不显眼的刑讯室散布在整个德国，它们在为迪尔斯和他的派系的倒台进行邪恶的活动。"我们当时生活在一个谋杀犯的魔窟里。"一名盖世太保军官汉斯·伯纳德·吉斯威尔斯写道。他回忆州刑事警察总监阿瑟·尼贝养成一个进进出出他办公室的习惯，"从后楼梯上来，他的手总是下意识地插在口袋里。那时盖世太保拘捕另一名盖世太保的事情非常平常，因此我们特别害怕看到这样的事件"。

　　在一个典型的行动里，一个党卫队小分队在迪尔斯外出时闯入他家，把他的妻子锁在一间卧室里，徒劳地搜查，想找到同情共产党的证据。辨别和拘捕这次突

1934 年 4 月，希姆莱和戈林签署协议授权希姆莱控制普鲁士的秘密警察，即盖世太保。随后希姆莱和海德里希组建的国家秘密警察沿袭了这个名字，盖世太保成为整个德国恐怖的同义词。

袭的领头人没有花盖世太保负责人很长时间。但是，在各方面的压力下，戈林听从了希姆莱愤怒的抗议，下令把那个首领放回党卫队接受审判。迪尔斯把这个决定视作一个死刑判决接受了，然后就跑到捷克斯洛伐克去了。但是，不到一个月——显然是在威胁要揭发戈林一些很尴尬的事情后——迪尔斯又回来负责盖世太保的工作，那些暂时取得胜利的党卫队忠实党员们对他们的生命开始感到担忧。迪尔斯回来的当天晚上，吉斯威尔斯躲进一家旅馆的房间里，然后又同尼贝来到警察总监德鲁格的办公室商讨如何摆脱困境。一名下属建议邀请迪尔斯出席一个会议，然后把他从窗户扔出去。反对者们最后还是采取了一种平和的方式并且继续他们的工作。

尽管出现这次内部骚乱，盖世太保还是继续确认和拘捕人数不断增多的公众敌人，而且地位日渐上升的戈林依然牢牢地控制大权，至少在普鲁士内部。但是纳粹党积极致力于摧毁这个州政府的政权，而且不是按照戈林做的那样建立政权，在这种情况下戈林面临一个国家层面的严峻挑战。帝国的内务部长威廉姆·弗兰克，在 1933 年后期企图合并德国各州并且控制它们的警察组织，只是这个设想被戈林扼杀了。在弗兰克能够采取行动前，戈林让普鲁士秘密警察从州内务部里脱离出来，并使它成为一个只向他个人负责的独立武装。弗兰克，一个前格利戈尔·施特拉瑟的追随者，在党内事务中没有足够的力量直接向戈林发起挑战，因此他同希姆莱结成了联盟。

有了弗兰克的支持，希姆莱接管了一个又一个州的政治警察，直到还剩下普鲁士和小小的斯卡姆伯格－里皮依然不在他的控制下。有一段时间戈林立即在普鲁士行动起来，而且如果不是完全因为戈林对冲锋队的恐惧不断增长，他也许可以挫败这个计划。褐衫队有 300 万人的强大队伍，规模是德国国防军的三倍。他们渴望获得权力并迫不及待地要消灭阻挡他们道路的任何人，不管是不是纳粹。他们不断地抱怨说希特勒本人——当然，还有他的亲密伙伴——是背叛他们的人。冲锋队威胁的出现最终迫使戈林妥协。他驱逐了被他保护起来的迪尔斯，这一次是永久性的，提名希姆莱监督普鲁士的盖世太保。两天后，任命海德里希做他的第二把手。6月和7月消灭冲锋队的大血洗，三人组合的第一次冒险是成功的。

　　这个威胁的工具在海德里希和希姆莱第一次见面期间就计划好了，它就是在斗争非常艰苦的年代里逐步建立起来的党卫队保安处，在巴伐利亚的那个恐怖季节得到锻炼，现在被用来对付整个德国。海德里希又一次准备好他的助手队伍和卡片资料盒。盖世太保刚开始时只有35名成员；截止到1935年前期已经雇用了607人。海德里希甚至在他扩大盖世太保时还在加紧控制这个组织，要求每件事都要程序化军事化。同时，他把忠于他的人安放在每一个重要位置。海德里希最喜欢的情报人员之一沃纳·贝斯特成为控制行政和法律机构的负责人。贝斯特是一个来自达莫斯泰德的举止高雅的法官，他迅速使自己成为盖世太保的法律解释者。他曾经准备很多曲折复杂但又逻辑清晰的辩论，这些辩论得出的结论都是一样的：只要领袖制定的规则得到遵守，忽视法律是合法的。

　　海德里希密切关注两个盖世太保的行动机构，反间谍科和内部调查科。他安排前慕尼黑警察督导弗兰茨·约瑟夫·胡贝尔和海德里希·穆勒作为这个内部分支机构的部门负责人，胡贝尔负责检举保守分子，穆勒负责继续追捕左翼激进分子。另一个部门负责人被安排负责监视党的成员有没有异端邪说。

这个恐怖组织迅速而顺利地在普鲁士和德国的其他地方发挥作用，就像前一个时期在巴伐利亚起的作用一样。卡片档案继续在增加。例如，在A这个索引下，列着国家的危险敌人，卡片左边的彩色标志显示一个人是在战争动员之前立刻逮捕（红色），还是宣布战争动员令后逮捕（蓝色），还是仅仅是严密监视（绿色）。右边同样的标志显示敌人的等级：共产党（暗红色）、马克思主义者（淡红色）、暗杀者（褐色）、抱怨者（蓝紫色）。

在海德里希的领导下，盖世太保的规模、经费和权力以成倍的速度发展，他发现有必要给予他的努力以公平的评价。党内有一些人认为大血洗后，成千上万人被拘捕，每个反对党都处在任人宰割的地位而且纳粹最终完全控制了整个德国，应当可以放松一下了。

这种观念对海德里希的野心是非常有害的，因此他公开同他们斗争。尽管"敌人的组织已经被打垮了"，

盖世太保特务，他们着便衣，携带上图所示的身份牌。正面刻有特务的编号和盖世太保的全称——秘密国家警察，背面，一只德国老鹰站在一个环绕卐字的花圈上。

他在 1935 年一次罕见的演讲中说，但是他们的威胁仍然存在。敌人只是变得很难发现，因此变得更加危险。邪恶的力量——"世界犹太人、世界共济会会员、僧侣，他们在一个广大范围内在政治上"——已经联合起来向希特勒德国发起一次大规模的进攻。海德里希想要而又未说出的意思就是只有独立的盖世太保，在他的领导下，才有能力对付这些邪恶势力。

这个战术起作用了。一批勇敢的公众检察官、法官、和律师呼吁法律秩序和反对滥用集中营。但是那些拥有最高权力的人对他们不予理睬，而且盖世太保和党卫队保安处这对孪生的毁灭力量已经无法阻挡地滚滚向前。到处弥漫着恐怖气氛。"很快没有人敢发表可能被认为对政府有敌意甚至是批评政府的言论，"伯纳特·艾格曼回忆道，1934 年他是柏林一个十几岁的孩子，"没有人知道他的好朋友甚至自己家人中是否有一个保安处的间谍。"艾格曼的一个朋友，一个叫梅兹汉根的寡妇，一天晚上调试一台新收音机，转动指针看看能收到什么台。她屋子的窗户是关着的，帘子拉了下来，只有她女儿在旁边。但是她发现她立刻受到盖世太保的审讯，指控她收听外国电台的"黑人的爵士乐"和"关于德国的可怕故事"。只有她隔壁的邻居才有可能指控她，她邻居曾经抱怨她在他午睡期间敲打地毯。

梅兹汉根受到一次警告离开了，但不是所有这样无足轻重的告发都只有无足轻重的结果。艾格曼记得在

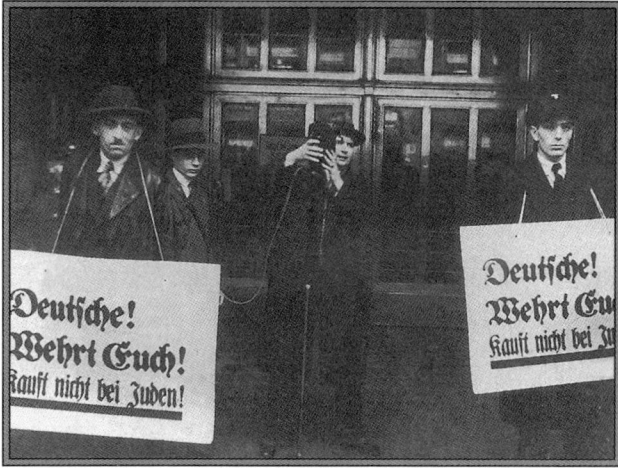

早期希特勒指挥的反犹太行动中的一个事例，1933年4月，纳粹党人站在一个犹太人商店前，挂着招牌敦促过往行人不要买犹太人的东西；一名纳粹分子摆好姿势准备拍摄走进商店的顾客。

那年新年前夜的庆祝活动中，他和父母同一群亲朋好友共坐在一个桌子旁。吃完晚餐和跳过舞后，"大家情绪非常高涨，午夜时分大家相互祝酒，相互碰杯，并祝福对方新年快乐。大家亲吻时，屋子里的灯被关掉了一会儿。当灯光再次亮起时，喧闹戛然而止。一个系着特别宽的交叉皮带、脚蹬褐色马靴、身穿一件褐色党制服的笨重、气喘吁吁的人登上室内的长凳开始训话"。喝醉酒翻来覆去说了一长通常用纳粹短语后，那个人最后以响亮的"上帝拯救我们的元首！"为总结——艾格曼那个桌上的一个年长的法官平静地回应，只有他的朋友才能听清，"拯救我们脱离他！"几天以后，这个法官被盖世太保逮捕，冠以"危险的国家敌人"的罪名，并且被移送去一个集中营。不久，他的家人收到一个装有他骨灰的棺材。

　　甚至一些忠诚的高层纳粹官员也对集中营里连最基本的正义和最起码的人权都没有而感到震惊。1934年夏天，帝国的司法部长弗兰茨·古特纳，同党的高级法律专家汉斯·弗兰克，直接向希特勒发出呼吁。希姆莱就在一边盯着元首，这些律师当面建议集中营应当取消，那些已经关进监狱里的人应当交由正常的法庭来审理。希特勒的回答意味深长。他说，这些步骤是"不成熟的"。这个会议就结束了。

　　抗议只是例外，在希特勒显示出他不比希姆莱和海德里希更关心法律或人权的概念后，抗议的人几乎没有了。许多德国律师——实际上是许多法官——很快接受了盖世太保沃纳·贝斯特阐释的原则："只要警察按照他们上级制定的规则行动——一直到最高级别——他们的行动就永远不会是'目无法纪'或'对抗法律'。"滥用权力仍在继续。在巴伐利亚，政治警察执行瓦格纳的命令："毫不手软地逮捕所有有可疑行为、四处游荡的人。"1935年和1936年，在普鲁士，盖世太保逮捕了7000人，他们的罪名，按照贝斯特的定义，是"企图想获得承认，或者甚至是想支持，不同的政治信仰"。

　　"这足以令一个人绝望了。"司法部长古特纳悲哀地说。但是，到1936年，基本上没有剩下几个公开同意他观点的官员了。这几个人里包括帝国内务部长弗兰克，他关心的不是盖世太保的无法无天，而是他失去了对盖世太保的控制。迪尔斯，盖世太保的前领导人，同一大批党卫队官员和高级地方行政官员一样，继续反对盖世太保的过分行为。尽管这些人的动机是错综复杂的，但是这些反对者有一个共同的强烈愿望，那就是阻止希姆莱和海德里希积聚权力。自从建立一个独立的国家警察武装的行动明显地不可逆转后，反对者们决定支持这个行动，提出将这个武装置于内务部的控制之下。出于他自己的考虑，希姆莱准备同他的反对者们谈判，1936 年 2 月，他同意了一个将盖世太保办公室归各州政府管辖的法律。

显然是受到这次胜利的鼓舞，弗兰克起草了一个命令，规定所有的国家警察将归内务部管辖，希姆莱将成为盖世太保督导，向弗兰克汇报工作。海德里希负责内务部和党卫队之间的人事谈判，他采取了一个非常强硬的路线：草案必须改成授予希姆莱在国家政府里的部长级职务并且德国警察总监的头衔，另外还有党卫队领袖的称号。弗兰克向希特勒抗议，只是发现他显而易见的胜利已经很虚假，他的计谋实际上已经完全被挫败了。希特勒向他做了一点让步——希姆莱不能被授予部长级职务——在其他绝大多数问题上弗兰克是失败了。1936 年 6 月 17 日，希姆莱被任命为全德国警察总监。从此以后，党卫队、它的情报收集机构保安处、各式各样的州政治警察机构、包括盖世太保，以及德国所有着制服的刑事警察都在一个人的控制下，他就是希姆莱，他现在只向另外一个人负责——阿道夫·希特勒。

当然，海德里希立即成为监督所有政治和刑事警察部门的首脑。他特征鲜明地准备扩大他卡片档案的范围。他命令保安处、秘密和刑事警察应当共同工作以"完全逮捕敌人"和"采取行之有效的方法系统地控制、破坏、削弱、消灭这些敌人"。海德里希的敌人的类别继续在增加。1937年一份内部备忘录上列出这些类别："共产主义、马克思主义、犹太人、政治上积极的基督教会、共济会、政治煽动者（满腹牢骚的人）、国家主义反对者、保守主义者、破坏经济者、惯犯还有非法堕胎者和同性恋（从人口政策的观点出发，同性恋会对民族和国防力量产生危害；而且军队里的同性恋也有间谍活动的危险）、国家和民族的叛徒。"

尽管海德里希准备对付一大批反对者，但他还有一个关于刑事犯罪的令他气恼的专门问题要解决。除了按照法院的命令，很少的——但是在海德里希手中已经完全足够了——预防性逮捕国家敌人的法律基础对一般的刑事犯罪不适用。海德里希命令贝斯特准备一个复杂的法律论证以说明在这个问题上警察也可以不理睬这个法律。凭着这个精心的法律论证，1937前期，刑事警察在全国展开搜捕，逮捕了2000名惯于作案的"违反道德罪犯"和"反社会罪犯"并把他们关押进集中营。

这完成了德国从一个法治共和国转变成警察帝国的最后一步。警察脱离了地方政府和法院的控制，并被告知他们无需遵守法律或尊重人权；现在他们任务

阿道夫·希特勒

内政部长
弗兰克

警察总监
希姆莱

内政警察
德鲁格

保安处
海德里希

情报处
海德里希

刑事警察

盖世太保

国外情报

国内情报

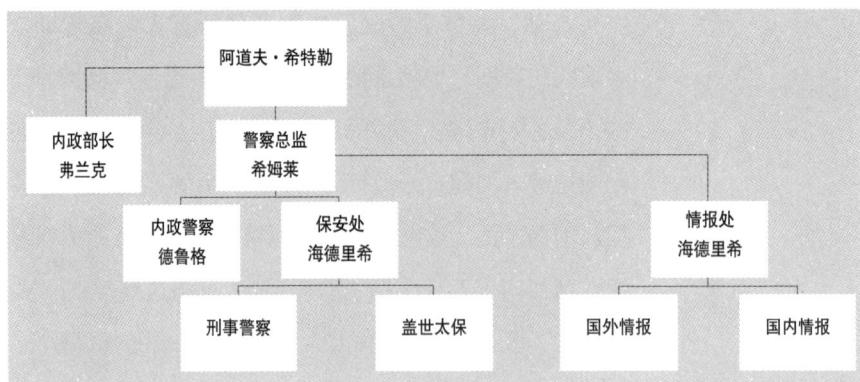

的性质从防御性转变成进攻性。他们不再负责保护公民安全并且为了法庭判决去追踪罪犯。取而代之的是，他们担负起保卫国家的任务——如果需要，可以反对它的人民——追捕未来可能犯某一罪行的人。警察可以决定谁值得逮捕，集中营的指挥官可以决定惩罚他们的严厉程度。

但是，无论是希姆莱还是海德里希还不满意，而且驱使他们前进的不只是永不满足的野心；在希特勒政府的斗争旋涡中，为了获取更多的权力，零乱的组织和联盟时而产生时而解散，静止不动就等于是自取灭亡。经过希特勒的苦心安排，每个人都在同其他所有人抗衡。伙伴关系是暂时的，不存在任何原则，除了令元首不悦外，任何事都不被禁止。成功之路早已显示出来：寻找敌人，摧毁他们，攫取他们的权力，继续前进。

海德里希发现自己是一个已经扩大但仍分裂的王国的主人——盖世太保、刑事警察、和党卫队保安处。

上图显示第三帝国的保安行动是如何运作的。1936年希特勒任命希姆莱为全德国警察总监，有效地把内政部长威廉·弗兰克从指挥系统中驱逐出去。希姆莱依顺序把他广大的领域的控制权委托给两个贪婪的部下：库特·德鲁格，内政警察的头目，和莱因哈德·海德里希，他拥有好几个头衔。作为保安处的头目，他既负责刑事警察对传统刑事案件的调查，还负责盖世太保对所谓国家敌人的追踪。同时，海德里希还负责保安处两个情报部门，一个是国外情报部门，另一个是国内情报部门。

当海德里希由于其他更荣耀的任务而分心时，保安处已经转入秘密状态，但它仍是纳粹党的官方情报机构。在这个新警察帝国里保安处已经建立了一个告密者和间谍网，这个网如此严密以至于最不重要的德国人所犯的最轻微的过错都会迅速记录在某个地方的一张索引卡片上。但是，保安处羡慕盖世太保的权力，而盖世太保憎恶保安处经常地干预。到 1937 年，它们展开竞争，都在大幅度地扩充自己的力量。

海德里希有自己的愤恨：他觉得他不应该不得不把他成千上万的犯人移交给艾克和骷髅队进行惩罚。艾克，达豪集中营的指挥官和罗姆的死刑执行者，已被希姆莱提升为德国所有集中营的总监。在希姆莱的监督下，艾克把散布四处的系统重组成四大集中营——达豪、布痕瓦尔德、萨赫森豪森和李希腾堡。

尽管海德里希整日忙于持续的大规模逮捕和他机构当中不断增多的激烈争论，他还是采取行动要把艾克拉下马，而且夺取另一个领地。海德里希突然关心起对犯人的虐待，他开始向希姆莱汇报一系列虐待犯人的报告。海德里希建议，集中营应当转交他负责。他不想更人道地对待犯人，只是想更有效地管理犯人。但是，希姆莱拒绝同意。像他的元首一样，希姆莱希望他的手下互相争斗，这样可以避免他们中任何一个将来权势足够强大向他发出挑战。只要他让猛犬艾克继续同海德里希抗衡，他们就会忙于相互攻击而无暇阴谋对抗他本人。

希姆莱还有其他问题。他现在是两个重要而又独立部门的头目——党卫队和国家警察。但是警察，目前为止德国人民生活中最有权势和最霸道的机构，是那些没经过种族筛选的人、没有按照希姆莱热爱的日耳曼民俗或者是日耳曼农民美德训练过的人所组成的。他并不同意将警察置于党卫队的支配之下；他希望警察被党卫队吸收消化。但是，希特勒看不到任何理由让希姆莱成为如此有权势的人。戈林也是这样，他要保持帝国第二有权势官员的身份。希特勒让希姆莱和戈林相互斗争。

甚至希特勒，尽管他是最高独裁者，也对某些限制感到愤怒。他的问题是陆军，陆军反对他向国外扩张的计划。1937 年 11 月，希特勒向他的高级军事参谋宣布他想在六年内解决德国人民生存空间的问题，甚至不惜冒挑起战争的危险。他宣布，他第一个目标是奥地利和捷克斯洛伐克。国防部长冯·勃洛姆堡元帅、陆军总司令瓦尔纳·弗雷赫·冯·弗立契中将，纷纷提出批评并尽量让元首明白他的决定是不可能实现的理由。

盖世太保总部，位于柏林艾尔布莱希特亲王街 8 号，是秘密警察机构的中心，在高峰期雇佣了 20000 名特务。

盖世太保总部这间电报室为62个办公机构提供即时通讯服务。外勤特务把来自卧底密探那里关于可疑颠覆分子的情报转发过来，这些密探包括刺探他们邻居情况的街区看管人。

1941年希姆莱在盖世太保总部召开一个会议。盖世太保的负责人从右至左是：海因里希·缪勒、海德里希、希姆莱、弗兰茨·胡贝尔，他是海德里希早期招募的人之一，以及阿图尔·奈比，他是刑事警察的头目。

希特勒没有取消陆军的重要性，因为德国其他的每一个组织都能给他带来麻烦。陆军拥有武器，使它成为一个危险的对手。陆军还有一个在需要时对德国政治发布命令和施加影响的历史传统，而希特勒不想触发这种行为。另外，陆军迄今为止更多时候是一个盟友而不是一种障碍。陆军没有反对希特勒争抢权力，取而代之的是当民主制度消亡时陆军伸出援手，甚至在1934年的大血洗中为希特勒的杀手们提供交通工具。

但是，现在希特勒开始认为陆军缺乏激情，对他的计划是一种威胁。可是他又不敢毫无原因地撤销军队的高级官员，以免陆军反对他。同时，希姆莱，由于无法控制警察而遭受挫折，想找一个办法博得元首足够的欢心以赢取另一次奖赏。海德里希，被集中营独立的问题搞得焦头烂额，计划将他的良师推上纳粹组织体系中另一个等级，并且把艾克从希姆莱的庇护下推出去。接下来，就在希特勒同他的高级军官的会议不欢而散后几天，有人想起一个报告，它积满灰尘，放在一个盖世太保档案里。这份卷宗有希望解决每个人的问题。

就在去年，奥托·施密特，一个犯罪的偷窃者和敲诈犯，声称曾经亲眼看到一个名叫弗立契的陆军军官卷入一次同性恋行为。后来，施密特在鼓励下证实其中一个人是弗立契将军，陆军总司令。据说希姆莱把这个卷宗递交给希特勒，希特勒盯着施密特的审讯笔录，在上面批示"肮脏"，而且简短地命令希姆莱烧毁它。

弗立契那时被认为是德国重新武装进程中不可或缺的人物，因此他赢得了希特勒的全部支持。

当然，那份"肮脏"的卷宗并没有被烧掉而是被存档了，而且当弗立契不再被认为必不可少时，这个情报被人想起，这个案子重新对外公布。盖世太保的特工开始跟踪陆军总司令，而且调查他生活中的同性恋问题。他们什么也没发现，也无法核实施密特的供词——但是他们仍然坚持。接着，1938 年 1 月，他们偶然发现了另一件事。国防部长勃洛姆堡，一个鳏夫，那个月在一个希特勒和戈林参加的私人庆典中同一位美丽的政府秘书结婚了。没有几天柏林的刑事警察揭发新勃洛姆堡夫人以前是一个妓女，而且他们收集了她的许多淫秽照片。

由于戈林名义上是普鲁士警察的领袖，因此他知道这两件事，他开始逐渐有了一个新想法。如果陆军总司令和国防部长都被废除了，他思索，他必定会成为武装部队司令。1 月 24 日那个晚上，戈林把这两份档案送给希特勒。指控勃洛姆堡夫人的档案是非常明确的，国防部长辞职是一个可以预知的结果。另外，希特勒现在相信对弗立契的指控，以前他曾定义这个案子为"肮脏"。

希特勒的反应是迅速的——尽管不是非常清楚戈林期望的是什么。他解除了勃洛姆堡的职务并强迫弗立契退休。（弗立契对这个指控感到非常震惊，以至于他所能做的就是高喊，"这是一个丑恶的谎言"！）同是这次清洗，希特勒解除了其他 16 名将军司令的职务，另外 44 名被调职，撤换他的外交部部长，并且连战争部也一起解散了。代替战争部他建立了武装部队最高统帅部——它以它的缩写ＯＫＷ出名。它的总司令不是戈林而是希特勒。对军事冒险缺乏激情不再是一个问题了。3 月份，希特勒派德国军队进入奥地利并且在没有反对的情况下将奥地利吞并为德国的一个新邦。10 月份，在慕尼黑对西部盟国进行威吓，他占领了捷克斯洛伐克 10000 平方英里的土地。他完成了他计划的第一步，进行了领土扩张却没有引发一场战争。

同时，希姆莱和海德里希受到的挫折仍然没有解决。事实上，在陆军最高司令被剥夺权力后不久，他们的运气突然变得特别糟糕。弗立契，他的职业生涯和声誉处在危险中，委婉地拒绝离职并且强烈要求一个真正的军事法庭来审理对他的指控。由于相信自己是无罪的，在法庭审判前他接受了盖世太保的审问。在一次审讯期间，希姆莱在隔壁房间召集了 12 名党卫队军官，命令他们对弗立契施行他们的精神压力迫使他说出真相。瓦尔特·施伦堡，海德里希的一名助手，走进会议室，看到这些军官们"围坐成一圈，所有的人都陷入静静地沉思中"。那是，他后来写道，"一个不寻常的景象"。

在准备审判期间发现，这个案子显然是一个误认为是同一人的案子。施密特报告的同性恋行为牵涉到一个弗立契上尉，同前陆军总司令没有一点关系。海德里希和希姆莱气急败坏地试图想使这个真相成为秘密，甚至不让戈林知道——他已经被提升为陆军元帅并被任命为审判弗立契军事法庭的主席。消息还是泄露出来，对来自军队报复的恐惧像毒气一样在柏林盖世太保总部弥漫开来。在开庭审判前一晚上，海德里希邀请施伦堡参加在他办公室举行的晚餐——并且带上一把上了膛的手枪。施伦堡是被雇来当情报人员的，而不是一名枪手，但他有一个神枪手的美誉，海德里希迫切地证实过这点。接着糊里糊涂的施伦堡被招待同越来越紧张的海德里希共进了一顿既陌生又亲密的晚餐。时间一小时一小时地过去，最后海德里希紧张地看了一下钟说："如果他们在接下来的一个半小时里还不从波茨坦出发，那么危险就将过去。"这个时候他才说出真相，一些陆军军官考虑率领武装部队进攻盖世太保总部。

那天晚上军队没有进发。但是戈林知道了弗立契案子的真相；在法庭上，陆军元帅威胁施密特承认犯伪证罪，军事法庭最后判决"在所有各项指控上均无罪"。现在海德里希和希姆莱——被他信任的下属所拖累，希姆莱感到非常愤怒——再次担忧预料中的惩罚性打击。但是军队本身反对弗立契恢复原职和公开宣布无罪。他被任命为一个团的团长并且在第二年率领这个团作战时死去了。同时，希姆莱命令将做伪证的施密特拉出去枪毙了。

弗立契事件几乎中止了希姆莱－海德里希的合作

伙伴关系。希姆莱在公开场合说他被无能的下属们所误导，可是结果海德里希不在被解雇和调离的人之列，他的疏忽是明确无误的。他赎罪的方法是再次采取行动在党卫队的指挥下重新改组德国警察，这正是希姆莱希望的，而且还要获取对集中营的控制，这是他自己想要的。

海德里希和希姆莱挽救了他们的伙伴关系，1939年秋天完成了一个重新改组，这个改组在书面上给予他们很多好处，但实际上没有什么。改组产生了帝国中央保安局，或是RSHA，它将所有警察职能和党卫队合

被从战争部长位置上赶下去后，瓦尔纳·冯·勃洛姆堡于1938年5月在加瓦度蜜月，他站在他名声不佳的妻子埃娜的旁边，埃娜当过妓女的记录被阿图尔·奈比的刑事警察揭发出来。当这个新娘泄露秘密的照片送到奈比的办公桌时，他想起希特勒参加了婚礼并惊呼："善良的上帝啊，这个女人吻了元首的手。"

并在一起。这个组织夹杂着相互矛盾的忠诚———一些部门向纳粹党汇报，一些向文职国家机关汇报，一些向党卫队汇报 ——和钩心斗角的人事关系。但这是两个阴谋家所能做的最好的程度，无论如何他们抓住了新的机会。9 月 1 日德国人向波兰挺进。

沉默的蔑视，柏林外围萨赫森豪森集中营的囚犯站立不动，一个穿制服的党卫队士兵正在早点名。

第一批
集中营

1933 年 1 月阿道夫·希特勒刚当上总理不久，大量简陋的犯人关押所遍布德国各地。这些是第一批集中营，后来成为纳粹主义统治下长期恐怖的社会特征。在这些凶残的集中营里面关押了成千上万的共产党人和其他新政权的政敌，所有这些人都是根据一道允许冲锋队、党卫队和普通警察可以逮捕任何被怀疑是"国家敌人"的人的命令而被草草监禁的。任何审判都是多余的。

大多数早期的集中营——被称之为"野蛮集中营"，这是因为政府或任何外部机构的控制太微乎其微了——由褐衫冲锋队恶棍掌管。但是，不到一年，海因里希·希姆莱和党卫队接管了集中营，加强和重组了这个体系。第一个党卫队集中营位于巴伐利亚达豪镇附近。这个集中营带刺的铁丝网和严厉的制度成为布痕瓦尔德、萨赫森豪森，以及其他集中营效仿的楷模。一个幸存者回忆，一切都是设计好的，为镇压"任何真实或潜在反对纳粹统治的迹象。隔离、贬低人格、侮辱、消灭——这些都是恐怖的最有效形式"。

机关枪时刻准备开火，一名党卫队看守在达豪集中营的一个望塔上密切监视在野外干活的犯人。

关押各种各样的
受害者

希姆莱和他的党徒在1933年至1939年期间把各种德国团体关进集中营。当党卫队关押几千名惯犯时，有26 000名所谓的政治犯迅速加入进这些下层社会的渣滓。还关押了"颠覆分子"，党卫队、冲锋队和盖世太保的间谍告发他们发表对希特勒政权最温和的批评。接着来了一批成分奇特而又复杂的人，希姆莱认为他们是"反社会的罪犯"——流浪汉、吉普赛人、妓女、同性恋，甚至有共济会分子和非战主义耶和华教派分子。1938年，大约35 000名犹太人被关押，仅仅因为他们是犹太人。只有他们承诺移民，才能被释放——并且要留下他们无论何种形式的财产。

1933年柏林的一间地下室，一名冲锋队员看管着一群未经审判将船运到一个新集中营的共产党人。

强迫表演一个嘲弄的欢迎仪式，德鲁戈尔－布莱斯劳集中营里的人欢迎一名犯人，德国国会议长保罗·鲁比。

杀人的
规则和制度

"忘记你的妻子和孩子，在这里你将像狗一样生活，"一名党卫队集中营司令向每一批到来的男子宣布。这种威胁同事实相差不远。犯人们每天至少工作11个小时，一周工作六天，加上食物不足和恶劣的卫生设施，这种管理害死了上千人。

对表现不好的惩罚是残酷的，有时是致命的。像偷一根香烟这样不太严重的过失会挨25下鞭打。对于比较严重的违反规定行为，像点名时迟到，惩罚是单独监禁在黑屋里，与世隔离，使一些犯人精神崩溃。处决是专门为一些所谓的罪行准备的，比如成为一个煽动者——也即谈论政治。

1938年，达豪集中营里的犯人身着自制的条纹囚服，正在挖掘一条壕沟。这样一组工作的人经常由犯人头监督，这些犯人头在执行他们职责时甚至比党卫队看守还残忍。

一名营养不足的囚犯与他比较年轻的伙伴在制作一段带刺的铁丝网，在达豪这是一个大家比较向往的工作。

在严密的监视下，一队辛劳的囚犯为了播种在犁一块地。每个集中营都要求自己生产食物，集中营总是食物短缺。

在萨赫森豪森集中营的缝纫店里，剃光头的囚犯在为他们自己和其他犯人缝制睡衣状的条纹制服。这样的店发展成向党卫队提供制服的监狱工厂。

不同形式的
自由

1933年到1939年期间，监禁在集中营并不总是会有一个死亡的结局。一些囚犯仅在几个星期或几个月后就释放了，加上希特勒时而宣布大赦。光在第一年里，就有大约6000名犯人被释放。

但是，对于许多被拘留者来说，唯一的释放形式就是死亡。党卫队看守得到命令可以开枪射杀任何企图逃跑的囚犯、拒绝遵守命令的囚犯，或者"沉湎于各种形式的反抗"的囚犯——这等于允许看守可以杀害他们不喜欢的囚犯。"对国家敌人的任何同情，"这些看守们被教导，"是同一名党卫队队员身份不相符的。"

这是一张官方公布的照片，1933年大赦中从达豪集中营释放的一名囚犯同他的党卫队看守握手。获释的囚犯不得不签一个誓词，说他们在关押期间获得优待。

116

1939年，一名囚犯仰卧在达豪的电网上，他可能是自杀也可能是逃跑失败。

一个邪恶
体系的扩张

"静悄悄、无所不在的威胁悬挂在每一个德国人头上。"一位当事人这样可怕地描述集中营系统，它在20世纪30年代中期发展还很缓慢。囚犯的释放和死亡大致上保持关押人数的平衡，始终使集中营的人数不超过2.5万人。

但是，在希特勒占领奥地利和捷克斯洛伐克后，人数急剧增加：莱因哈德·海德里希在这些国家搜捕了多达7.5万名不良分子。1939年二战的爆发导致了另一次大规模战俘的流入，这些战俘来自波兰，后来来自其他被占领国家。

第三帝国本身也不能幸免。1941年10月一个月，盖世太保逮捕了15160名说德语的人，绝大多数人被怀疑阻碍，或抱怨，战争工作。囚犯人数上升到22万人，并且集中营拥挤得非常严重，以至于在一些集中营中每六个月就有五分之一的囚犯死去。

当后来党卫队进行疯狂的"最后解决"时，甚至这种程度的屠杀也黯然失色，党卫队的集中营变成了几百万欧洲犹太人的处决中心。

大约2500名囚犯，1941年德国集中营
人数的一小部分，在萨赫森豪森集中营的

操场上排好队。后面监舍墙上写的字是集中营标语，所有囚犯都必须记住。它要求"为祖国父亲献出生命和爱"。

衬托精英的制服

他们的制服是深黑色，镶有银色饰带和徽章，由红色、白色和黑色组成的纳粹臂章。在游行和正式集会上，这是第三帝国的重要标志，海因里希·希姆莱的人在同大量相互竞争的穿制服的官员的较量中，从来没有落败过。

1930年，党卫队全国领袖——他总是关注他手下人的声望和特权——废除希特勒卫队从1925年开始穿的老式冲锋队褐色衬衣和黑色领带。换发了新式黑色紧身上衣，配上马裤、齐膝马靴和一战时英美军官所佩挂之武装带，不光要佩戴军衔，还有袖标以显示佩戴者的所属单位和专门徽章，专门徽章表明他当前的任务以及在其他组织较重要的职务。

1934年党卫队特别机动部队开始军事训练，并且在第二年发给他们所谓的土灰色野战制服，这是一种暖色调的灰绿色。到1940年，这些武装团体成为武装党卫队，他们引进了陆军式样的制服。但是，党卫队队员仍旧保持他们特殊的身份，通过佩戴军衔和部队番号来区别于他们和平时期的服装。当武装党卫队扩充时，新制服和军衔也在增加：党卫队坦克兵引入了陆军的黑色装甲上衣——与党卫队的背景颜色相符合；新成立的指挥部采用了独一无二的袖标和袖饰；迷彩服和钢盔伪装套成为武装党卫队的商标。

尽管战时短缺日益恶化，但是希姆莱精英军团对制服的绝大多数需求还是得到满足，这要感谢党卫队自己经营的集中营工厂的生产。

第一批党卫队队员穿着这样的制服：基本上是一件冲锋队制服，戴一顶黑色的平顶帽，穿马裤，袖章上有一条黑边。他们平顶帽上的头盖骨是受19世纪帝国御前警卫轻骑兵战地帽子的启发。

120

全黑紧身上衣和左上的大檐帽是党卫队第45旗队一名中士的制服,这个团驻扎在上西里西亚奥皮林。袖标的红边表示这个人属于第3营。图上用铝线编制的帽带表示是一名军官的帽子。所有人员都穿制式靴子。

1935年后党卫队特别机动部队执行大多数任务时穿土灰色棉或仿羊毛制服。他们的帽子是黑色或土灰色,比如图上这顶帽子。右边的紧身上衣发放给一名军士长,配有皮带和匕首以作为半正式或"列队行进"的制服。

右边武装党卫队上衣肩章上的白杠表示这是步兵一名下士的制服。1936年上面印有党卫队象征的S古文字图样的钢盔代替了德国一战中使用的钢盔。

1940 年武装党卫队为它的
坦克和装甲车士兵引进了陆军
黑色装甲上衣，1941 年用黑色
野战帽（最左边）替代了无檐、
贝雷帽形状的安全帽。这年的
9 月，一款土灰色夹克上衣发
放给炮兵和自行反坦克车士兵。
同样的夹克上衣，用便宜的绿
色亚麻布制造，发放供干杂务
时穿。

　　上面是羊毛和仿羊毛做的大衣，
是武装党卫队士兵在寒冷气候下穿
的普通大衣，还有陆军发的钉掌的
靴子。1943 年有帽檐的野战帽，以
前只有山地部队佩戴，成为武装党
卫队所有分支部队的标准军帽。

第一批迷彩服（左），1937年由党卫队特别机动部队的"德意志"团试穿。原形，增加了一个可用夹子别上的两面可戴的钢盔套子，于1938年6月由希姆莱批准。两年后武装党卫队都发放了迷彩服。

这个野战帽、上衣和皮制外衣是党卫队在战争期间发明的令人惊奇的各式各样的迷彩服的典型式样。前后不一的疏忽和提高掩蔽能力的不断努力导致出现式样的扩大化。在这些伪装服里有伞兵服、坦克兵罩衣和装甲夹克。

热带军服，用一种意大利轻棉制成，以及与之搭配的野战帽，这是在炎热气候下发给驻在意大利、巴尔干和南俄的党卫队。随着战争不断深入，作战鞋和短绑腿代替了昂贵的长筒马靴。

对苏作战中经过第一次可怕的冬季后，党卫队的计划者们授权生产寒冷气候服装，比如这件皮制上衣和帽子，衣服和帽子都缝有毛皮，1943年这套服装发给装甲部队的步兵。

3. 颠覆与征服方案

1933 年秋天，海因里希·希姆莱对国外事务发动了第一次突袭。他的第一个目标是奥地利，在所有其他国家中纳粹最想把奥地利并入未来的伟大德意志。吞并他的出生地，阿道夫·希特勒在《我的奋斗》中第一段中写道，是"一个要在我们一生中使用一切手段去完成的任务"。

许多奥地利人同样怀有希特勒的合并激情。光维也纳的纳粹党成员在仅仅三年中就从 300 人增加到大约 40000 人。那里纳粹的活动，包括零星的破坏行动，不仅受到德国纳粹党的鼓励，而且还受到德国政府不少于五个不同机构的支持，这些机构忙于一场为争夺对在奥地利实施帝国政策的控制权而进行的官僚斗争。

但是，在奥地利有反对合并者，他们的首领是这个国家的总理恩格尔伯特·陶尔斐斯。尽管是一个身高不到五英尺的矮个男子，但是陶尔斐斯模仿他意大利的朋友本尼托·墨索里尼采取铁腕统治。在陶尔斐斯的规划中没有极端主义党派的活动空间，并且在 1933 年夏初，这位总理镇压了政治范畴两极的他的对手，首先宣布纳粹党是非法组织，接着宣布社会党为非法。

陶尔斐斯在他的国家对纳粹的禁令无意中为希姆

党卫队特别行动队的军官，1939 年特别行动队紧随德国陆军进入波兰，在华沙搜查犹太人。特别行动队的目标，希姆莱写道，通过恐怖手段使波兰人沦为一种卑微的人，成为德国的"无领袖的劳工部队"。

莱和党卫队打开了一扇门。当几千名奥地利纳粹党员越过边界线涌进巴伐利亚时，希姆莱正等着接待他们。在希特勒的批准下，党卫队把这些亡命徒武装起来并组建成奥地利军团。这支流亡部队在边境附近的一个营地训练，准备时机成熟时杀回他们的家乡。同时，希姆莱的心腹在奥地利秘密发展了上百名党卫队队员。能够得到武器和炸弹，这些新队员积极从事破坏和恐怖活动，炸毁电站和刺杀陶尔斐斯政权的支持者。到 1934 年初，在奥地利党卫队可以信赖 5000 名秘密成员。但是他们是一帮不安分的人，不是总愿意听从他们名义上的德国上司的领导。

新成员中最有野心和最顽固的一个人是弗里多林·格拉斯，一个前军士长，曾经被奥地利军队开除，原因是进行纳粹冲锋队的活动——包括成立他自己的拥有六个连的小型褐衫部队。在他被开除后，格拉斯拜访了柏林的希姆莱并提出把他的私人部队交给党卫队。希姆莱给予批准，这支部队作为第 89 旗队并入党卫队。格拉斯心中还有更多的破坏计划；他正在密谋推翻奥地利政权。他想逮捕陶尔斐斯和他的内阁，占领维也纳电台，并宣布成立一个纳粹政府。希姆莱，长期受这个奥地利人热情的影响，批准了这个政变企图。显然希特勒是知道的，但是元首依然狡猾地超然事外，这样他可以事后声明不知情，如果这样的掩饰证明是有利的话。

炫耀纳粹臂章，年轻的奥地利党卫队队员在因斯布鲁克的一家旅馆里召开会议。尽管1933年纳粹在奥地利是非法的，但是上百名男子继续加入那里的党卫队并发起运动反对政府。

格拉斯的暴动，代号为"夏天节日行动"在1934年7月25日发生了。下午快到一点的时候，奥地利军队的卡车载着150名党卫队第89旗的突击队员，一些人穿着军队制服，其他人装扮成警察，他们坐车抵达维也纳巴尔豪斯广场的总理府。突击队的成员们消灭了警卫，并控制了大厦，然后冲向楼上陶尔斐斯总理应该同他的部长们开会的地方。陶尔斐斯在那里，但是他的内阁不在。他就在不到一小时前已经知道即将发生的攻击——一名纳粹同谋者在最后一分钟背叛了那些阴谋家——并让所有的人除了他的两个同事回到他们自己的办公室。

当 10 名党卫队成员突然遇到陶尔斐斯时，他们中的一人在近距离开枪，打中了总理的脖颈并严重地打伤了他。暴动分子们将陶尔斐斯放在一个沙发上，当他慢慢地流血而死时，他们用侮辱言语和政治上的大事吹嘘向他大声疾说地演讲，拒绝他叫一个医生和一个牧师来的请求。在维也纳的其他地方，占领了电台的纳粹同伙们发布新闻说陶尔斐斯已经辞职了。但是，当几百名在维也纳的其他武装人员背叛了他们参加暴动的诺言时，暴动开始动摇了。这些奥地利人是冲锋队员，他们显然仍然对不到一个月前党卫军在血洗恩斯特·罗姆和冲锋队领导们的行动中所扮演的角色怀恨在心。当政府军和警察包围了总理府并镇压了暴动时，他们一动不动地作壁上观。

那天晚上希特勒得知陶尔斐斯被杀的消息，当时他正出席拜罗伊特的瓦格纳音乐节欣赏《莱因的黄金》的演奏。根据一名目击者说，"元首简直无法掩饰脸上的喜色"。但是当希特勒听说墨索里尼对刺杀的反应时，这种得意的笑容消失了。刺杀发生的时候，陶尔斐斯的夫人和两个孩子正好在意大利墨索里尼的家中做客，领袖不得不告诉陶尔斐斯夫人关于刺杀的消息。这种人身侮辱和对他邻国独立的威胁令他勃然大怒，墨索里尼下令在奥地利边境上勃伦纳山口陈兵 5000 以示力量。

希特勒，意识到他的新帝国还没有强大到能依靠军队的力量实现合并，当天就否认同奥地利事件有关。

午夜，德国官方新闻机构撤回了准备庆祝陶尔斐斯倒台的报道，而代之以一个新的说法，对他被"残忍地暗杀"表示遗憾。

突然的失败使希姆莱很难堪，但是并没有吓倒希姆莱。党卫队领袖最终是能屈能伸的。在权力欲的驱动下，他继续超越党卫队保护希特勒和维护国家安全的权限，去追求新的权力领域。在奥地利失败后接下来的几年里，希姆莱使党卫队参与了大量的计划，从实施种族政策到帝国向东扩张过程中开发奴隶劳工。

奥地利党卫队成员及时为陶尔斐斯事件的失败赎罪。在希姆莱和希特勒更加紧密的控制下，他们建立了一个情报网来向帝国通报奥地利政府的情况。党卫队密探鼓动纳粹接管一个强大的反对行动，这个行动能够有效地逐渐摧毁奥地利政权。党卫队也协助任命一个亲纳粹的人进入奥地利内阁。由此导致的政治动荡局面为又一次企图吞并奥地利奠定了基础，1938 年 3 月 12 日，希特勒派他的军队进入奥地利，轻而易举地占领了这个国家。这对纳粹主义来说是一次影响深远的胜利。吞并为第三帝国又赢得了 650 万说德语的人口，怂恿了希特勒和希姆莱建立一个种族纯洁的欧洲的梦想。

希姆莱对种族纯正的着魔激发了他的许多方案。在他的要求下，党卫队保持了一个对其成员进行家谱登记的制度，而且希姆莱经常仔细阅读这些家谱登记，像一个养马者研究一本马的血统簿一样。也许因为他自己的外表同金发碧眼的北欧人类型明显不同，所以他下令仔细研究他的祖先还有他妻子的祖先——也许能收集到他们是纯种日耳曼人血统的无可争议的证据。

这位党卫队头目也非常关心全体德国人民的种族血统。1935年他成立了"祖先遗产社"，它的任务就是研究他的德国同胞的来源。由一群富裕的工业家资助，这个机构主持了很多希姆莱创意的方案，比如去西藏探险，研究大约1500年前迁移到欧洲的亚洲人的历史。这个组织还开始挖掘行动以挖掘希姆莱崇拜的中世纪英雄捕鸟者亨利时代的具有千年历史的废墟，捕鸟者亨利是一位萨克森国王，他建立了德意志并在919年成为亨利一世国王。海德里希通过牺牲斯拉夫人为代价向东推进不断扩大他的领地；希姆莱也认为他命中注定要在那些古老的日耳曼土地上开拓殖民地，现在这些土地被捷克斯洛伐克、波兰和苏联的斯拉夫人统治。

在"祖先遗产社"任意迁就希姆莱的嗜好时，他操纵种族事务的主要工具是种族和移民中央局，因它的德文开头字母RUSHA而闻名，1931年成立，由希姆莱的密友瓦尔特·达里任局长，RUSHA开始作为一个

受希姆莱委派为种族选择制造舆论，党卫队军官瓦尔特·达里（上图所示）设想对理想的雅利安人相貌进行伪科学测试，右图是纳粹艺术家用素描勾勒出的一个相貌。1937年拍摄的情景（上右），这些测试包括检查头发颜色同染色纤维玻璃是否匹配，测量一个对象的脸和头盖骨的尺寸。党卫队种族检查员使用这样的程序来挑选血统合格的人。

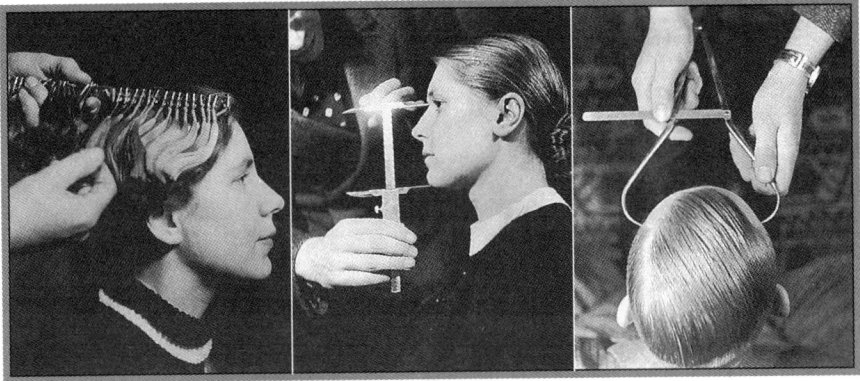

伦理道德局负责确保党卫队新队员和他们的未来新娘在遗传学方面符合标准。希姆莱希望他的党卫队是一个物种精华——就是他所说的，新德意志的"祖先"。受这个想法的激励，RUSHA的策划者们设立了一个种族检察员（Rassenprufer）的职位——带着弯脚规和测量带的穿白衣服的技术人员，他们为达里和希姆莱编造的无稽之谈提供一层科学的外衣。

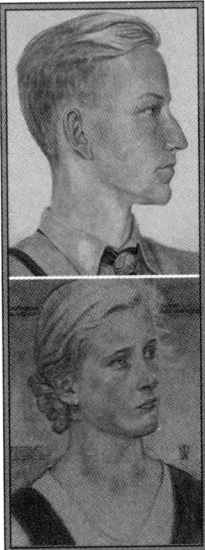

种族和移民局迅速将它的触角伸进其他有影响力的领域。达里获得另一个粮食和农业部长的职位后，种族和移民局开始进行农村移民方法的研究。希姆莱，一个前养鸡农场主，和达里，一个空想家，幻想有一个崭新的封建欧洲，它是一群种族精英经营的模范农场组成的。他们鼓励党卫队队员从事农场工作去追求血统与土地的神秘性。

在希姆莱的授意下，种族和移民局还建立了一个家庭福利网以照顾党卫队队员的寡妇和孤儿。这个工程反映了希姆莱对德国缓慢出生率的关心。第一次世界大战夺去了德国大部分男子的性命，大萧条期间的经济困苦又阻碍了结婚率的增长。结果，到1935年德国婴儿的出生率大约只有15年前的一半。希姆莱展开运动反对任何阻碍出生率的事情——避孕、堕胎、甚至是人们用来在心理上替代孩子所饲养的动物宠物。

首先，他鼓励生育。他宣布党卫队中的每一个男子必须做至少四个孩子的父亲，这是他们的爱国责任。（希姆莱本人就少一个孩子：他同他的妻子玛格丽特生有一个女儿，同一个秘书，后来成为他的情人，生有一个儿子和一个女儿。）1939年，他直接地命令所有党卫队男子要使他们的妻子怀孕，并且在可能的时候，向那些三十岁或年纪更大些的没有孩子的妇女提供"怀孕帮助"。

在希姆莱生殖养育的运动中，在形形色色的党卫队机构中产生了一个最不寻常的机构。1935年12月，党卫队领袖下令种族和移民局成立"生命之源"，一个产妇家园的网络用来"接纳和照看在种族上和遗传上有价值的孕妇"——党卫队男子的妻子和女朋友。第一个"生命之源"家园于1936年在慕尼黑附近开始运营；最终，更多的家园在德国和被占领土上开张。母亲们可以在这些家园里生下孩子或者把孩子交给经党卫队批准的家庭收养。费用自然从党卫队军官的工资中扣除，这为"生命之源"提供了保障，尽管还不断受到没收的犹太人的银行支票和财产的资助。

并不是所有的德国人都像希姆莱希望的那样推崇"生命之源"。这些家园经常被嘲笑为妓院或是"人类种马场"。但是希姆莱不为这些批评所动。他将这项计划置于自己的监视之下并且密切关注它的程序。每项细节都令他着迷,从母亲和孩子鼻子的形状到养母产奶的多少,绝大多数多产的母亲都接受了特别的嘉奖。在名义上他是出生在这些家园里几千名婴儿的教父,而那些在10月7日,希姆莱的生日那天来到这个世界的婴儿,还收到玩具和其他礼物。当一个"生命之源"的婴儿死了,希姆莱热泪盈眶,但是他拒绝听孩子们有精神和生理缺陷的报告。这样的反常不符合他党卫队的子孙是一个伟大民族的梦想。

除了建立具有种族意识的机构外,党卫队又获得了对另一个这样的并具有更广泛特权组织的控制。这就是VOMI,德意志族人联络处,处理为数巨大的国外日耳曼人的事务,希姆莱和其他纳粹认为这群人对他们扩张第三帝国的观点是至关重要的。德意志族人联络处最终使1 200万德国侨民无家可归和迁移。

这些德国侨民绝大多数居住在中欧和东欧。从中世纪开始,他们的祖先就从原来的德国领土向东迁移去寻找新的土地和生计。他们散居在广阔的区域,从波罗的海到伏尔加到高加索,这些移民组成了团结紧密的社团，这些社团同他们周围的邻居保持距离，而同他们以前的家乡维持着密切联系。纳粹正依赖这些德意志族人扩大第三帝国已经枯竭的人口并且依靠他们的帮助向东扩张。"我确实非常想找到德意志血统，无论在世界什么地方发现的，"希姆莱发出誓言，"去抢和偷德意志血统，无论何处，只要我能够发现。"

初期的德意志族人联络处——刚开始它并不叫这个名字——早已在党内作为一个秘密机构建立起来。希特勒希望它协调同德意志族人的关系，纠正、补救其他团体造成的混乱（从外交部到私人的国外德意志族人协会），并进一步在国外社团中进行权力争夺。1934 年在奥地利遭受的挫折显示出这种两败俱伤、钩心斗角的危险。但是德意志族人联络处的影响是慢慢发展起来的。它似乎不能实现希特勒扩张计划所需的控制权。

希姆莱看到他为党卫队在对外政策中赢得立足点的机会来了，特意任命了一个他自己的人作为德意志族人联络处处长。他的选择是维尔纳·洛伦茨，一名党卫队中将并且是党卫队汉堡地区的负责人。洛伦茨是一个第一次世界大战的飞行员，长得很帅气，在但泽附近有一份巨大的地产并且经营得很好。他是一名普鲁士民族主义者，对国外德意志人的问题知之甚少，而且证明他抱着几分惋惜的心情瞧不起希姆莱的种族理想。希姆莱忍受了他这些缺点，因为洛伦茨是一个完美的公开代表人、一个有经验的外交官，他能够熟练地从密室转到农村市场，在那里他喜欢同农夫们谈论收成。

在洛伦茨的领导下，联络处高效率地运作，以至于在 1938 年 7 月希特勒扩大了它的权力。VOMI 吸收了其他机构，把德意志族人社团中的敌对派别团结在一起，并提供金钱以建立俱乐部和医院，并且扩大纳粹的宣传。VOMI 也调查德意志族人个人的政治情况并开始编辑那些怀疑不忠于元首的人的档案。

虽然直到 1941 年 VOMI 都没有正式编入党卫队，但是希姆莱很快使它成为自己的附庸。他让党卫队队员渗透进去并劝说联络处的工作人员加入党卫队。希姆莱的人出现在文化组织的领导岗位上，比如德裔保加利亚人社团。他安排一名党卫队成员成为洛伦茨的副手，此人名为赫尔曼·贝伦茨，是莱因哈德·海德里希保安处的一名顽固的高级头目。作为一个收集国内情报的纳粹党机构，保安处正演变成一个国外间谍活动的工具。海德里希和贝伦茨利用德意志族人联络处安插保安处特务进入东欧德意志族人范围广泛的社团。

德意志族人联络处的控制不能满足希姆莱对权力

这是 1940 年的海报，一位德国妇女在哺育她的婴儿，海报用来吸引对"母亲和孩子"这个纳粹组织的捐助，这个组织致力于通过向工作和未婚母亲提供妇产服务来刺激德国缓慢的出生率。党卫队非常关心在"生命之源"家园党卫队队员的妻子。

的欲望；他渴望在处理东方事务方面最重要的机构里发挥影响——外交部。1938 年 2 月，他的机会来了，这时希特勒任命希姆莱的朋友约阿希姆·冯·里宾特洛甫为外交部部长。他是前驻英国大使，同亨克尔香槟酒厂财产的女继承人结了婚。1932 年里宾特洛甫加入纳粹党时第一次遇见希姆莱。希姆莱被里宾特洛甫进出的迷人社交圈所吸引并刻意培养这位新成员，授予他党卫队上校头衔并很快晋升为将军。里宾特洛甫，一个没有能力而又很虚荣的人，作为回报，在他担任元首的各种外交政策顾问职务时任命党卫队队员为他的参谋人员。

被任命为外交部部长后，里宾特洛甫就向他的老朋友要求接受外交部的高级官员集体加入党卫队。希姆

希姆莱（左）和一脸忧郁的维尔纳·洛伦茨——希姆莱挑选他掌管德意志族人联络处——1939 年在欢迎从乌克兰返回第三帝国的德意志族人举行的仪式上商谈。他们的回归是同约瑟夫·斯大林达成的一个协议的一部分。

莱非常乐意照办。里宾特洛甫甚至十分友好地怪罪希姆
莱没有派给外交部足够的合格的黑衫队员。后来一名助
手说里宾特洛甫最大的快乐莫过于"穿着党卫队地区总
队长制服、脚蹬长筒皮靴出现在办公室里"。但是,那
一天还是来了,在外交部的争权夺势使希姆莱和里宾特
洛甫成为敌人;此后,如果这位外交部部长看见他的外
交官穿着以前受到夸奖的黑制服就会气得暴跳如雷。

　　希姆莱首先在隔壁的捷克斯洛伐克运用党卫队在
外交事务中的新权力。捷克斯洛伐克是一个数种语言混
杂的国家,在第一次世界大战后老的奥匈帝国被分割后
建立起来的,是 300 多万德意志族人的故乡。这些德意
志族人绝大多数住在这个国家的西部,就是众所周知的
苏台德地区,指的是苏台德山脉。这些人的存在成为希
姆莱 1938 年开始分裂捷克共和国的楔子。

　　联络处是党卫队渗透进苏台德社团的机构。联络
处的特务巧妙利用了苏台德德意志族人的委屈,他们一
直深受压迫并感觉受到中央政府的不公正待遇。党卫队
以金钱资助苏台德德意志人政党,这个政治组织声称获
得了几乎所有的德意志族人的支持,德意志族人联络处
官员经常同这个政党的领导人会面。

　　党卫队在苏台德地区的另一个主要工具——保安
处,行动得更加隐蔽。冲锋队早在 1933 年就已经渗入
到在德国的苏台德难民中,并且海德里希在边境附近建

1938年后期在捷克斯洛伐克把边境地区割让给德国后，苏台德德意志族人激动得向希特勒敬礼。

忠诚的捷克人在德国控制苏台德地区后等着乘火车前往捷克斯洛伐克的其他地方。

立了一个特务网，把这些特务安插在俱乐部、文化团体、大学以及苏台德德意志人党内部。这些特务提供了非常多的情报，海德里希的副手瓦尔特·施伦堡写道，"以至于为了掌握所有获得的情报，直接通往柏林的特别电话线不得不安装在德捷边界线的两边"。

苏台德德意志人党的领袖——康拉德·汉莱因，一个举止文雅的前银行职员和体操老师，受到了海德里希的特别关注，保安处专门成立一个小型部门监视他的行动。海德里希和希姆莱都不信任汉莱因，因为他是一个相对温和的民族主义者，没有表现出对第三帝国和元首足够的热情，并且主张他的人民在政治和文化上自治。一直到1937年末他还希望通过在捷克政府内部走议会道路和平地实现这个目标——并且防止在德国的侵略中被吞并。

1939年3月希特勒占领了捷克斯洛伐克的残余部分后，一名纳粹官吏，周围是党卫队队员和海关官员，在苏台德边境地区从一个界碑上拆除捷克的国徽。

海德里希尽了最大努力想废除掉汉莱因。他不断地给希特勒写备忘录以诋毁这位苏台德领导人。在其他的指控中，希姆莱还指控汉莱因曾经访问过英国以寻求对其民族自决的支持，说他只不过是英国秘密机构的跟班。海德里希也积极培养苏台德德意志人党激进派别内的纳粹党人，这些人支持苏台德合并到第三帝国。他赢得了汉莱因副手卡尔·赫尔曼·弗朗克的支持，并企图通过他在党内煽动叛乱。虽然党卫队没能把汉莱因拉下来，但是党卫队的阴谋诡计孤立了这位苏台德的领导人并把他赶进了希特勒的怀抱。1938年3月德国吞并邻国奥地利也是这样的情况。德国轻而易举地兼并奥地利迫使汉莱因在他的人民中掀起巨大的激情并且使希特勒相信苏台德地区——实际上是整个捷克斯洛伐克——也已做好分裂出捷克斯洛伐克的准备。汉莱因两次同希特勒会晤，并且向不可避免的吞并屈服了。

到1938年夏汉莱因准备就绪。经希特勒批准，一支准军事部队，"汉莱因自由团"，在苏台德地区组建起来旨在"保持混乱和冲突"，而且党卫队控制的德意志族人联络处帮助建立了一个秘密的第五纵队以便在德国入侵时颠覆捷克政府。当采取行动时，只有侵略的威胁就足够了。到1938年10月1日，捷克政府把苏台德地区割让给了德国。汉莱因得到的奖励是一个相对来说不很重要的职位，苏台德地区的地方长官，或者说是纳粹领导人——还有党卫队将军的军衔，这是由那些曾经暗算过他并阻挠他的人民独立的人赏赐给他的。

在外交政策中党卫队作为一支力量的出现，在苏台德危机期间把里宾特洛甫的外交官驱赶到后排。在布拉格，这位反对吞并的德国部长在整个事件中一直不为人所知。接下来，由于苏台德地区并入第三帝国，当希特勒设计阴谋想控制捷克斯洛伐克残余的地方时，他越过他的外交部部长并找到保安处。

1939 年 1 月底，在最后肢解捷克斯洛伐克中希特勒给海德里希和保安处其他骨干安排了重要的任务。元首计划的关键之处是在东部省份斯洛伐克制造麻烦。那里的民族主义情绪被同苏台德德意志族人一样的狂热给激发起来，而且尽管捷克政府最近承认斯洛伐克半自治，但是一个争取完全独立的运动正呈扩展的趋势。希特勒希望保安处的特务火上浇油和点烧政治混乱之火。这就给了元首一个扮演所有捷克斯洛伐克人仁慈的保护者的借口。

在希特勒的命令下，保安处在秘密地行动。一支由党卫队地区总队长威廉·凯普勒率领的谍报队启程去斯洛伐克首府布拉迪斯拉发。在那里他们会见了最有势力的斯洛伐克人民党领导人，这个党是极端民族主义者和保守主义者的政党，它的高层人士中许多是罗马天主教牧师。凯普勒和他的人受到了热情的接待——"我们发现斯洛伐克人非常急切地同意了我们的计划。"其中的一名特务威廉姆·霍伊特写道。但是一位主要人物，斯洛伐克的国务部长卡洛尔·西多尔拒绝了，谈判拖延了。

为了加快事情的进程，海德里希决定向这个麻烦的西多尔——还有捷克人——显示斯洛伐克人是多么盼望独立。他向斯洛伐克派出了另一种特遣队，阿尔弗雷德·瑙约克斯指挥的破坏小队，他以前是一名机械师，现在是党卫队二级突击队大队长（少校）。瑙约克斯是海德里希的困难解决人，负责伪造护照、炸毁建筑、制造事端而栽赃到其他人头上。在巴伐利亚，瑙约克斯的人在一个巧克力公司引爆炸弹并且使这个事件看上去是斯洛伐克民族主义者干的。捷克政府如德国预期的那样做出了反应；布拉格解散了斯洛伐克政府并宣布斯洛伐克进入紧急状态。

到3月12日，党卫队消灭捷克斯洛伐克的努力达到了一个高潮。在布拉格，德意志族人在大街上组织了示威游行；党卫队的恐怖主义小队抵达斯洛伐克和波希米亚省执行进一步的挑衅行动；在布拉迪斯拉发，凯普勒再次同斯洛伐克的政治家谈判。第二天一早，肥胖的牧师约瑟夫·提索，捷克人最近免除了他的总理职务，向来自保安处的压力屈服了。他声明他愿意宣布斯洛伐克是在德国保护下的主权国家。第二天提索坐火车到维也纳，然后乘坐一架保安处的专机飞往柏林向元首汇报。没用几天德国部队就占领了斯洛伐克。3月15日，为了避免战争的危险，捷克斯洛伐克总统同意德国对波希米亚和摩拉维亚的"保护"，同时匈牙利占领了最东边——最后一个残存省卢西尼来。

那一天，当希特勒的车队得意扬扬地进入布拉格时，元首由两名高级外交政策助手陪同。一位是外交部部长里宾特洛甫，另一个是希姆莱。尽管这是党卫队侵犯他的管辖领域的引人注目的标记，但是里宾特洛甫还是没能吸取他的教训。几个月后，而且他后来追悔莫及，里宾特洛甫同意在德国大使馆和公使馆安排保安处特务为他们提供掩护身份进行间谍和其他活动。在一个国家，保安处情报负责人被给予外交人员地位并冠以警务随员的头衔。作为交换，保安处保证不再干涉政策事务。但是，不久这些警务随员就开始收集整理德国外交官的重要报告——不是交给里宾特洛甫，而是直接交给海德里希和希姆莱。

在奥地利和捷克斯洛伐克的行动成为党卫队的预演。1939 年 9 月 1 日入侵波兰，这标志着第二次世界大战爆发，真正检验了希姆莱的组织不断提高的能力。这里，希特勒希望不仅占领这块土地而且还要摧毁它，希姆莱的人被安排了许多身份——煽动者、警察、杀手和人民强制迁移的组织者。

党卫队在 1939 年 8 月末，早在武装部队入侵波兰前就开始扮演他们的角色。为了防止国际社会的谴责，希特勒需要为侵略找一个借口，他希望党卫队能够有办法。海德里希想象了大量的事件，能够把责任推到波兰极端主义者身上并且这样能使德国的进攻成为正义的举动。这些游戏由保安处和警察特务的十几个小分队在盖世太保头目海因里希·缪勒的指挥下实施。好几个事件要求保安处特务穿着波兰军队制服假装袭击德国边境。

为了使这些进攻显得更真实，这出剧本要求一些攻击者在行动中死亡，这样他们的尸体事后就可以作为波兰侵略的证据。的确有人死亡，但是这些死亡者实际上是一个德国集中营的囚犯，他们在进攻前被注射了致死的针剂，然后被子弹打满了洞。盖世太保嘲笑地称这些牺牲者为"罐头食品"。

最重要的伪装攻击是 8 月 31 日进攻边境城镇格莱维茨的一家德国广播电台。阿尔弗雷德·瑙约克斯，1939 年早些时候，这位海德里希的困难解决者的爆破专长帮助加重了斯洛伐克的危机，同五个随从用枪指着控制了这个电台。他们中的一个人，讲波兰语，广播了一个具有煽动性的激烈言论，宣布波兰正在入侵德国。为了让收音机听众印象深刻，这些煽动者开了几枪，然后逃跑了，丢下一具集中营犯人的尸体。第二天，希特勒，引用对格莱维茨的袭击，宣布德国武装部队黎明时分已经侵入波兰。那个丢在广播电台的"罐头食品"被作为挑衅的证据向新闻界展示。

当德国军队横扫波兰时，党卫队紧随在后，在摧毁这个国家的过程中积极扮演它的下一个角色：清除政治和文化的精英。希特勒知道这个任务不能交给普通的士兵。在离入侵不到两星期的一次武装部队指挥官会议上，他就警告"要做一些德国将军不会批准的事情"，如费多尔·冯·包克陆军元帅所回忆："因此他不希望莱因哈德·海德里希（左），1941年被任命为捷克斯洛伐克的"保护者"，同他面带笑容的部下卡尔·赫尔曼·弗朗克一起走上宽大的布拉格总部的台阶，弗朗克是一个著名的苏台德德国人，在占领这个国家期间他曾为海德里希的方案提供帮助。

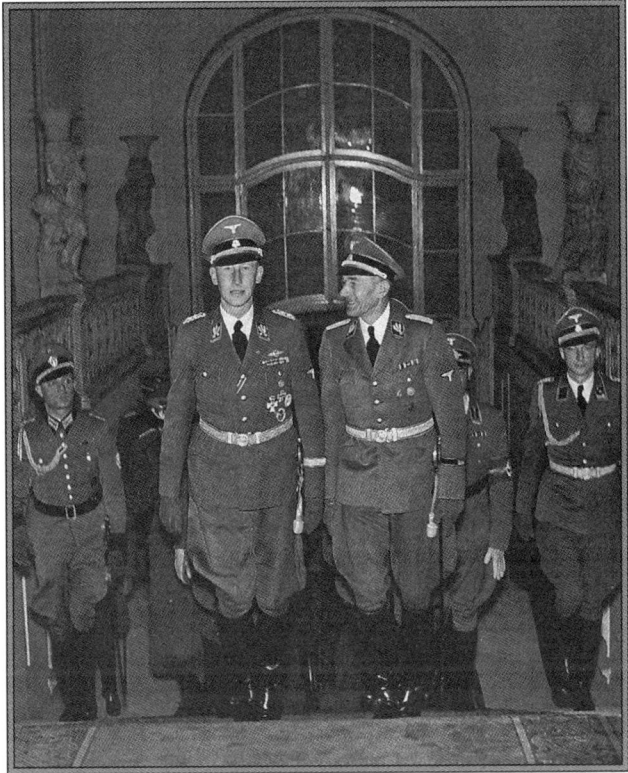

把这个必要的清洗任务交给军队，而是愿意交给党卫队去执行。"

希姆莱把这个大屠杀的任务交给机动保安处和安全警察分遣队，它们有个不起眼的名称"特别行动队"。他们在吞并奥地利和肢解捷克斯洛伐克期间似乎显得力量有限，没有采取多少凶残的行动。在这次波兰行动中，五个入侵军每个都配备了一支 400 人到 600 人的特别行动队；第六支被部署在边境省波兹南，原来是普鲁士领土，希特勒想把它重新纳入第三帝国。

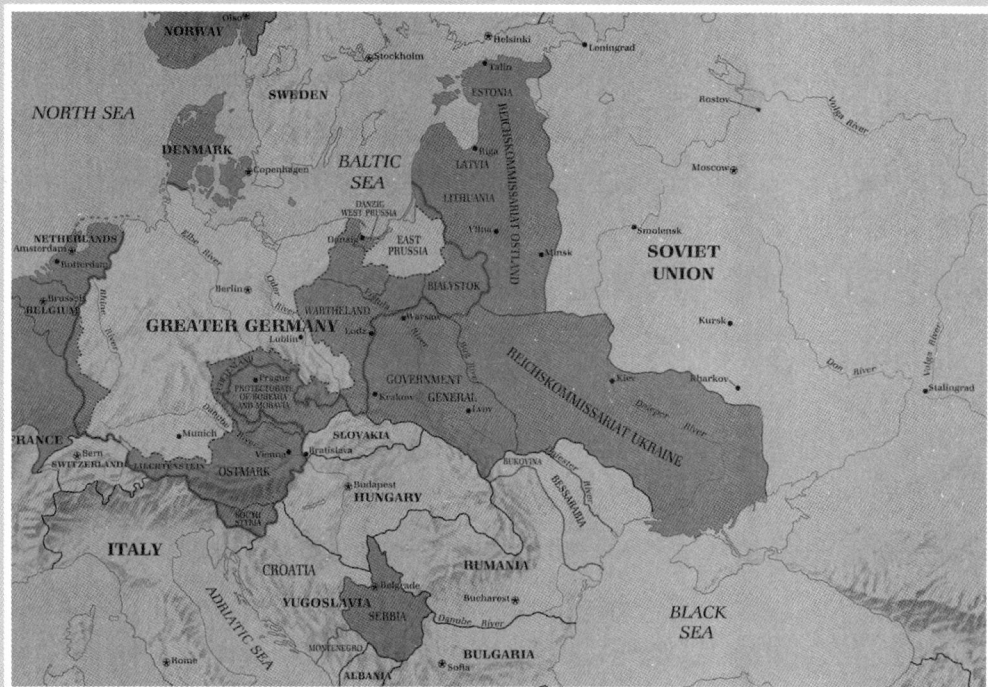

NORWAY
Oslo
Stockholm
Helsinki
Leningrad
SWEDEN
Tallin
ESTONIA
Rostov
NORTH SEA
Riga
LATVIA
Moscow
DENMARK
BALTIC
SEA
Copenhagen
REICHSKOMMISSARIAT OSTLAND
LITHUANIA
DANZIG
WEST PRUSSIA
Smolensk
NETHERLANDS
Amsterdam
Rotterdam
Danzig
Vilno
Minsk
SOVIET
UNION
EAST
PRUSSIA
Brussels
BELGIUM
Berlin
Elbe River
Oder River
BIALYSTOK
Kursk
WARTHELAND
GREATER GERMANY
Warsaw
Lodz
Rhine River
Lublin
GOVERNMENT
Kiev
Kharkov
REICHSKOMMISSARIAT UKRAINE
Don River
Volga River
FRANCE
Bern
SWITZERLAND LIECHTENSTEIN
Munich
PROTECTORATE OF BOHEMIA AND MORAVIA
Prague
Krakow
GENERAL
Lvov
Dnieper River
Stalingrad
OSTMARK
Vienna
Bratislava
SLOVAKIA
BUKOVINA
ITALY
SOCM
Budapest
HUNGARY
BESSARABIA
CROATIA
RUMANIA
ADRIATIC SEA
YUGOSLAVIA
Belgrade
SERBIA
Bucharest
Danube River
BLACK
SEA
Rome
MONTENEGRO
BULGARIA
ALBANIA
Sofia

到 1942 年，德国已经控制了中东欧的大片地区。沿着第三帝国原始边界线的绝大多数被占领土（虚线）——奥地利、西捷克斯洛伐克以及西波兰——已经被并入大德意志帝国（深色边界线）。其他被占土地被分割成保护国和保护区，包括波兰总督辖区，希姆莱视波兰总督辖区为第三帝国一个巨大的劳动营。

为了监视波兰的特别行动队，另一个政府机构，德国中央保安局，或ＲＳＨＡ，成立并置于海德里希的控制之下。德国中央保安局将盖世太保、刑事警察和保安处组成一个整体；这些都集中一个局里，第三帝国的一位观察家这样描述："独裁所依靠的所有主要权力，间谍和情报、审问和拘捕、拷打和处决。"

特别行动队有条不紊地从以前准备好的名单开始做起。贵族、牧师、政府官员、商人、教师和医生——所有这些人都在武装部队进军过后被抓起来并被成群地驱赶进临时草率建起的收容营里。不久以后很多人被枪杀。在一个罗马天主教主教辖区里，690个牧师的三分之二被逮捕，214个被枪决。在逮捕的人当中有很多犹太人，他们同样也成为牺牲品。尽管挑出犹太人杀掉的指示还没有下达，但至少一个特别行动队的领导，党卫队将军乌多·冯·沃伊尔施，他自作主张集中力量大肆屠杀犹太人。

当地政治领袖也是杀害的首要目标。贾库布·克鲁基斯基，波兹南市市长，同他的夫人玛格黛丽娜在城外的一处地产里生活，德国人抓到这个市长后，他的家人仍然在郊外的家中。有一段时间似乎他们将会幸免于难。尽管他们每天都听到远处的枪声，但他们的隐居生活没有受到破坏。接着有一天，党卫队来了。市长18岁的女儿露丝永远不会忘记发生的事情。她出去喂一匹两岁的阿拉伯马，这是她父亲送给她的。"当我从马厩

149

回来时，我看到后花园大约有 40 个穿制服的人，一些人戴着钢盔，其余人戴着软帽，许多人拿着机枪。他们背对着我。"面对着这些人，靠着他们房子的墙站着她的父母。露丝的父亲看见了她，喊道，"快跑！"就在这时他们开枪了，她看见她父母倒下了。

露丝穿过树林逃走了，在一块土豆田里躲了三天，然后被这块地的雇工收留了。最后，她冒险进入城里，被逮捕并被装在一辆运输家畜的车里押送到汉堡，在那里她被强迫做一个女仆。她父母同其他受害者被埋葬在波兹南附近的一个大坟坑里。

党卫队行刑队带领被蒙上眼的波兰受害者一个接一个进入帕尔米瑞森林，在那里几千名华沙平民被杀害。

一支正在射击的由党卫队率领的警察小分队。在波兰城镇比德高斯齐克泽附近的清剿活动中堆积了大量的尸体，在这里党卫队少校曼弗里德·罗德尔狂热地执行希特勒的格言，"无论我们发现什么样的波兰上层阶级，都将被消灭"。

"党卫队在波兰的恐怖统治"，一位德国外交人员在他的日记里是这样描绘的，得到有效的推行。到9月8日，侵略后的一个星期，党卫队指挥官们夸耀每天为200个波兰人敲响丧钟。9月27日海德里希宣布，"在被占领土上波兰的上层阶级最多只有百分之三的人还活着"。

特别行动队的成员很快开始同另一类死亡队伍，就是所谓的自卫团体，共同行动。他们是由德意志族人组成的，这些人是在入侵后几天中掀起的一个短暂的波兰人仇恨运动的对象。暴徒们抢劫德意志族人的房屋和农场，大概有5000名德国人被杀害；波兰东部大约50000名德意志族人被赶出家园。同神志清醒、采取冷血手段的帝国特别行动队不同，这些自卫团体是受强烈复仇的欲望所驱使。德国武装部队一开进过去，德意志少数民族就联合起来组成志愿民兵，他们迅速堕落成掠夺的暴徒，疯狂杀害波兰人。在西普鲁士，仇恨波兰人的情绪非常强烈，但泽地区长官艾伯特·福斯特开进那里四处煽动仇恨的火焰。

希姆莱对事态这样的转变很不高兴。当他看到他的老对手福斯特影响越来越大时，希姆莱采取行动保卫他所认为的领地。他派出他的补充处处长戈特洛勃·伯格尔去接管自卫团体并把他们纳入党卫队的控制之下。伯格尔将民兵组织划分为四个自卫区，每个区安排一个德国党卫队指挥官。尽管自卫团体准备作为辅助警察武装，但是一些人继续令人发指的暴行，甚至于海德里希都表示关注。显然关心这些刚加入党卫队的队员缺乏纪律胜过关心他们缺乏人道，海德里希也埋怨"部分难以想象和过火的复仇行动"。

甚至在自卫团体参加屠杀前，许多德国士兵就开始对特别行动队的行为产生怀疑。虽然在战区作战中，特别行动队在技术上归军队指挥，但是希特勒命令他们的罪恶的任务不能让常规部队知道并且用"反间谍任务"这样委婉的说法加以掩饰。但是士兵们发现了真相，而且许多人感到震惊；海德里希这样冷淡地解释："对于那些对此一无所知的人来说，警察和党卫队的行动似乎是专断、残忍和未经授权的。"9 月 20 日，第 14 军作战处报告："部队特别感到气愤的是，年轻人不上前线去作战，而是拿手无寸铁的人来证明他们的勇敢。"

武装部队不止一位高级军官同样感到担忧。军事谍报局局长威廉·卡纳里斯海军上将告诉最高统帅部"世界总有一天要让德国武装部队为这些做法负责，因为这些事都发生在它的鼻子底下"。来自陆军的压力迫使党卫队不得不暂停最邪恶的特别行动，波兰南部乌多·冯·沃伊尔施指挥的特别行动队的行动。但是大多数将军愿意从另一个角度看待这个问题，这种肮脏的工作留给党卫队来干他们感到很满意。

10 月中旬，波兰战争结束了近三个星期，希特勒解除军队负责占领的首要任务。他建立了一个杂乱无章的统治体系，将一些区域并到第三帝国现有的政区里，再建立其他的区作为德国的新组成部分。他将波兰的剩余部分——除了苏联占领的东部——混在一起合并成一个殖民地，称为波兰总督辖区。希特勒的将军们对突然冒出的官僚噩梦感到惊骇。他们急于结束占领任务并远离这个争权夺利的迷宫，乃至于新的国家行政机构没有巩固前他们就撤走了。

希姆莱乘虚而入，以便控制全部警察事务和在幕后统治这个总督辖区。特别行动队进驻占领区的警察局。与此同时，镇压波兰精英的行动继续加快进行——现在没有来自将军们的抱怨。1940 年春，屠杀开始后的六个多月，特别行动队又处决了 3500 名波兰人。

与此同时，希姆莱着手另一个进一步实现他建立一个纯种大德国的梦想的冒险。1939 年 10 月 1 日，他成为一项残忍的野心勃勃的波兰重新安置的方案的沙皇，该方案将对 100 多万东欧人的生命产生影响而且使一名党卫队高级种族专家欢欣鼓舞，"东方属于党卫队"。

同希姆莱的许多计划一样，重新安置开始没有什么夸大成分。在 9 月期间，苏联红军进入波兰东部，令大约 136000 名德意志族人处于苏联占领之下。经过同柏林的讨论，苏联人同意让这些人离开。另外，第三帝国为了另外 120000 名居住在波罗的海沿岸各国的德意志族人的迁移也进行了谈判。希特勒要求德意志族人联络处制订出一个安置这些人的计划。

希姆莱听说这个事情后，立刻觉察到是一个有利的机会。刚占领的波兰将是安置这些德意志族人的理想地方——也许甚至同样是他和瓦尔特·达里梦寐以求的封建农民贵族统治的理想地方。为了给他们找到生存空间，土生土长的斯拉夫人和犹太人应当被赶走或贬为奴隶。希姆莱找到希特勒，劝说元首让他负责全盘计划。他安排让希特勒于 1939 年 10 月 7 日——希姆莱 39 岁的生日这天发布一个批准这个方案的命令。

党卫队不断扩大的权力功能可以运用到这项重新安置计划中。党卫队控制的德意志族人联络处是处理国外德意志人事务最有经验的机构；他们转运归国的人，在接收营里照顾他们，并且监督政治思想的灌输。种族和移民中央局负责重新安置希特勒所谓的"犹太人、波兰人以及同他们一样的垃圾"。

但是，为了协调所有这些现有的机构，希姆莱感觉迫切需要建立一个新机构，这就是党卫队习惯的以开头字母方法命名的RKFDV——德语的意思是"加强德意志民族委员会"。希姆莱任命乌尔里希·格赖费尔特为负责人，他是柏林人，在大萧条期间失业前经营一家制造厂。他是一个具有技术政治家声誉的党卫队官员——在私下认为产品统计比意识形态更为重要。他成功地解决了一个早期重新安置的问题：意大利边界线内南提罗尔的德意志族人的遣返。

格赖费尔特还是希姆莱同四年计划办公室的联络官，四年计划办公室是赫尔曼·戈林旨在刺激德国工业发展的机构。这层关系是挑选格赖费尔特领导RKFDV的一个重要因素。格赖费尔特曾提出大德意志帝国紧迫的劳动力短缺的问题——1939年1月统计短缺50万名工人——可以通过迁回德意志族人加以解决。希姆莱没有别的选择，只有听从。虽然对农业移民有田园诗般的幻想，希姆莱还是按照命令把"回归第三帝国"的人提供给被陆军招收新兵和兴旺的军火工业搞得劳力紧张的工厂和农场。

重新安置这种笨重而残酷的机制在1939年秋期间运转起来。成千上万的人大规模地向两个方向相反的地方迁移。来自波罗的海沿岸各国和波兰苏联占领区的德意志族人乘坐轮船和火车举家向西迁移到第三帝国新吞并的领土上（再加上跟着到达的来自罗马尼亚、南斯拉夫以及其他遭战火破坏的东方国家的远亲，他们的人数最后加倍到 50 万）。而数量更多的斯拉夫人和犹太人零零散散地离开他们的农场和家园，被向东驱赶到波兰总督辖区。

从一开始，希姆莱和他的移民机构就遇到了为同纳粹权力中心竞争而设置的种种障碍。在德国内部也是如此，心胸狭窄的权贵非常多，每人都热衷于在这个脆弱的新帝国里瓜分一个有影响的好职位。阿尔伯特·福斯特，但泽和西普鲁士的纳粹领袖，坚决反对将移民安置到他的领地的可能性，以致从爱沙尼亚开到但泽的运送德国移民的轮船不得不原路返回。另一个地区长官也拒绝允许安置移民。此外，希姆莱不得不为了争夺从波兰人和犹太人手中没收的农场而同戈林的四年计划办公室的代表展开斗争。希姆莱自己管辖区内部成员的斗争最终也爆发了。在同希姆莱的争吵中，移民协调办公室的头目乌尔里希·格赖费尔特精神崩溃，接下来的五个月在一个疗养院度过。

这种争吵产生的影响就是使德意志族人生活更加艰辛。许多人被迫放弃家乡和农场的舒适而换来在移民营里数月无家可归的境地。家庭被临时拆散，长期背井离乡，财产丢失。在德意志族人联络处开办的 1500 个移民营中，归国的人经历了似乎无休无止地向黑衣党卫

集中营里的
痛苦经历

下图和接下两页的照片是由一位官方德国摄影师拍摄的，证明了一个临时集中营里的恶劣条件，来自波兰库特诺的犹太人在那里被监禁了两年。他们的悲惨经历开始于1939年9月，党卫队队员杀害了库特诺6700名犹太人并且抢劫了他们的邻居。早

在1940年，幸存者被关进城外一个瓦砾散布的地方，在那里他们中许多人不得不临时搭建简陋的避难所。在两个极冷的冬季中，几千人死于伤寒和其他疾病。1942年3月，那些忍受过来的人被成群地关进切尔诺灭绝营，在那里，所有的人都死了。

库特诺的两名年轻妇女在集中营犹太人居住区带刺的铁丝网旁相伴为伍。

集中营里的人用一辆马车搭成一个简陋的小屋。　　与肮脏抗争，一名妇女在洗衣服

一名库特诺老年妇人擦一只破旧的靴子，她的孩子们聚集在一个旧沙发和其他废旧家具旁。

在库特诺集中营遍地垃圾中，一辆破烂的车子成为一个人员众多家庭的家。

一名妇女在室外的炉子上准备一餐饭，她丈夫在旁边看着。

队军官、褐衣纳粹党官员、灰色制服的行政官员以及种族和移民中央局的白领检查员证明他们的德国血统的过程。穿梭在房屋和桌子的迷宫，这些移民让人检查他们的文件，他们的身体被人拍照、拍X光片和测量，他们头发和眼睛的颜色被人呆呆地注视。最后，每个人收到一个标记，范围从1-A-M/1（种族非常优良）到IV-3-C（种族垃圾）。根据这些标记和其他因素，他们的未来就决定了：重新安置在东部，在德国受到雇佣，或者如果对于他们的忠诚度和种族来源感到怀疑，那么就继续待在移民营里接受另外的审查。

这些德意志族人移民与那些被放逐的人相比，无论如何是幸运的。据统计有1500万犹太人和波兰人离开波兰西部地区。在1939年冬天这个放逐行动就正式开始了，当时温度有时直线下降到零下40摄氏度。放逐的人被装进没有暖气的火车，这些火车经常来往于不需要的铁路沿线上。当这些火车尖声长鸣停在波兰东部时，它们只是装着冻僵的尸体。希姆莱在后来战争中向他的党卫队战地部队发表演讲，夸耀执行这样一个任务的"艰难"。"在许多情况下，一个步兵连走入战场比镇压成为障碍的低文化水平的人口，或是执行枪决，或是押送这些人，或是驱赶哭喊和歇斯底里的女人容易得多。"党卫队全国领袖如是说。

在那个可怕的冬天，大约87000犹太人向东被押送到维斯杜拉河与布格河之间的一个地区，这个地区将德国占领区和苏联占领区分开。在那里，西南的卢布林，重新安置的土地已经划出来。重新安置的计划由一个勤勉的党卫队官员阿道夫·艾希曼负责，他以前是一名旅行推销员，被认为是犹太人事务的专家，曾经负责过一半奥地利犹太人的驱逐工作。但是，艾希曼在波兰的方案让波兰总督汉斯·弗朗克处在中间左右为难。他被希望接收西部涌入过来的源源不断的被驱逐的人并向他们提供粮食；同时，他又要通过输出 100 多万波兰人给老帝国以满足戈林四年计划对劳动力的需求。1940 年 2 月，弗朗克向戈林提出上诉，戈林暂时禁止把人船运到艾希曼计划好的保留地区。但是到 1941 年中期，据统计有 100 多万波兰人和犹太人被重新安置到弗朗克的领地，大约 20 万德意志族人占有了被吞并领土上无人的农场、房屋和商业。

对希姆莱来说，这还不够。他不仅想遣返肯定是德国血统的人，甚至还想遣返金发碧眼表明祖先是北欧人的波兰人。向希特勒发誓他要迁走"波兰所有有价值的德国血统的痕迹"，希姆莱派出他的种族调查员搜寻那些可能隐瞒他们血统的波兰人。他们被送到老帝国并被德意志化。

德意志化方案的动机既现实又意识形态化。第三帝国需要劳动力——男人和女人。希姆莱非常关心 16 岁到 20 岁之间拥有标准北欧人外表的波兰妇女的招收和德意志化。庞大的德国人家庭需要她们作为家务帮手——他的行政人员恰当地称这项计划为"保姆行动"。

但是希姆莱认识到德意志化最好的人选是年幼的孩子。他的党卫队种族调查员搜查孤儿院，有时搜查波兰的街道寻找父母种族不同、远祖是德国人或者只要具有北欧人外表的年幼孩子。党卫队绑架合适的人选并且把他们转交给"生命之源"工程，"生命之源"很快在波兰开办了休养院。"生命之源"给这些孩子起了新名字并找到无比忠诚的德国党卫队夫妇抚养他们。依靠这种方法在第二次世界大战期间超过 20 万名波兰孩子成为德国人。

希姆莱也关心另一种波兰资源的德意志化，那就是波兰的工厂。他想把已由党卫队建立起来的庞大经济帝国扩张到波兰被占领土上。党卫队在商业领域的投机开始时是非常低调的。1934 年，成立了一个出版社，用来宣布普及希姆莱的种族理念；两年后党卫队购买了一个瓷器工厂为秘密组织提供礼拜仪式的小装饰品。但是，商业活动迅速成为资助党卫队的一种方式并且向党卫队提供了一个逐渐独立于国家和党的手段。

1938 年，希姆莱开始指定在党卫队控制下的集中营作为劳动力资源。比如，在吞并奥地利后，他下令建设奥地利第一个集中营。位于毛特豪森村附近，集中营俯瞰一个巨大的采石场，关押的人在那里为党卫队的利润切割石头。在一年左右的时间内，主要依靠集中营劳力的党卫队企业就可以生产所有种类的建筑材料，为武

洛德兹附近党卫队的一个劳动营里，一名看守在同波兰小孩讲话。成千上万名不符合希姆莱"种族纯洁"标准的小孩被第三帝国弃养，他们被送往集中营干活，在那里绝大多数孩子很快饿死或冻死。

装党卫队野战部队缝制制服，在希姆莱的要求下，试验草药和其他食物的医药特点。集中营的人甚至生产烛台，希姆莱每年把这些烛台送给"生命之源"与他同一天生日的孩子。

希姆莱于 1939 年成立一个党卫队机构，中央经济管理处，用以监督这些企业。为了指导经济管理处，他任命一个精明的行政官员奥斯瓦德·波尔为处长，他的野牛般的脖子、秃头以及过于自负的野心令他的同事容易联想到意大利的独裁者墨索里尼。党卫队商业都注册为私人公司，但是真正拥有者的身份不为公众所知。在幕后，波尔和其他官员为了个人的赢利想方设法开发这些公司和剥削集中营的奴隶劳工。萨赫森豪森集中营指挥官利用犯人劳工建造一艘游艇是唯一很不寻常地被抓住的案件。（希姆莱本人对商业事务异常地诚实，尽管他本人因长期要供养两个家庭而一文不剩。）

为了寻求在被占领土上扩张经济帝国，党卫队不得不同戈林的四年计划办公室、农业部以及权力不大的领地主竞争肥差。为了避免同戈林正面冲突，希姆莱有时得到次要的商业。比如，在苏台德地区党卫队获得对矿泉水生产的独家经营并开始制造家具。在波兰不义之财更好发。党卫队在波兰没收了铸铁厂、许多水泥厂和不少于 313 家砖厂——这些工厂用来为希姆莱在东部拟定的大量战后重建和移民工程提供材料。这些商业活动中的许多运作受到像法本和克虏伯这样的德国大公司的资助，这些大公司非常乐意向希姆莱提供资金以换取他答应从迅速扩大的集中营网中抽调充足的劳力。

甚至当希姆莱在波兰操纵人员和资源时，更远的东方又打开一个他施展精力的新领域。希特勒 1941 年 6 月 22 日发动"巴巴罗萨行动"的重大决定——侵略苏联——引发党卫队技术政治家制订出疯狂的秘密计划。在他们的幻想中，种族和移民中央局的计划者们看到跨越俄罗斯的大平原和森林地区出现一个辽阔的德意志帝国，这个大帝国令仍在波兰进行的野心勃勃的移民计划相形见绌。

他们的"东方主宰计划"要求俄罗斯西部更多地

在奥地利毛特豪森集中营的采石场，穿条纹囚服的犯人们按照要求对一个经过的党卫队军官摘掉帽子以示敬畏。另外几个集中营也位于采石场附近，为纳粹建造炫耀他们统治的浮华建筑提供石料。

德意志化。大约1400万当地居民将被驱赶到西伯利亚，取而代之的是2400万德意志人。尽管另外1400万俄罗斯人将被德意志化并允许留下来，但是他们将不会对人数远远超过他们的新成员带来任何威胁。按照党卫队计划者的设想，德国移民将通过一个军事要塞系统维持他们对新殖民帝国的统治。每个要塞由一个大约 2 万人的镇子构成，周围环绕一圈村庄，每个村庄有 30 到 40 个武装德国农民家庭。希姆莱认为这个方案是"一个了不起的主意"。这在纸上已经渐具成形，正是他的种族和土地的理想世界：在他所热爱的党卫队的仁慈指导下的纯血统德意志农民战士。希姆莱甚至命令科学家开始培育一种"耐寒的草原马"，这种马不仅用来骑乘和负重，而且还能向他的新俄罗斯理想国的先锋者们提供肉、奶和奶酪。

但是，就是德国真正统治了苏联，希姆莱也只能操纵一个梦想帝国。即使在德国国防军深入苏联内部时，他也知道将会不可避免地同戈林和其他党内对手为争权夺利而发生冲突。事实上，在入侵前，阿道夫·希特勒明确地决定反对希姆莱和戈林日益增长的权力和贪婪。作为希特勒的负责东方的帝国部长，名义上在苏联被占领后负责苏联所有地区的行政管理，希特勒既没有任命希姆莱也没有任命戈林，而是曾经在莫斯科生活的党内资深意识形态理论家阿尔弗雷德·罗森堡。

在苏联行动中希特勒仍然交托给党卫队令人敬畏的权力。希姆莱可以在战线后方独立行动，只向元首本人负责，并且被允许在需要时能够获得一般陆军部队的援助。在后方，他的特别行动队的杀手们从事希特勒巧妙地称为"为政治管理做准备的特殊任务"。

希姆莱的副手海德里希组建了四个特别行动队，

以字母 A 到 D 命名。他们总共有大约 3000 名男子和一些妇女。绝大多数官员是保安处、盖世太保和刑事警察的老特务，因他们的残忍而被挑选出来。很多普通士兵是由一般的警察官员和来自武装党卫队的违纪人员组成的，他们当中一些人自愿加入这个工作是为了逃避类似执行任务时睡觉这样的违纪行为而要受到的惩罚。这些部队进行了三个星期的特殊训练，包括责骂他们"不齿于人类的"目标的卑贱，这些人主要是共产党政治委员、吉普赛人和犹太人。始终不大清楚纳粹何时决定消灭犹太人作为一直困扰他们灵魂的种族问题的"最后解决"，但是这个决定很可能早在 1941 年夏就做出了，并且是希特勒的决定。

特别行动队紧随德国国防军进入到俄罗斯宽 1000 英里的前线。他们在各地搜寻他们的猎物——城市的犹太人居住区、临时的战俘营和平民村庄。每支部队创造了自己的屠杀特点。南部特别行动队 D 的指挥官奥托·奥伦道夫描述了一次他的特别行动队执行的典型行动："经过挑选的部队进入一个村庄或城镇，命令有名望的犹太人把所有的犹太人召集到一起进行重新安置。就在被杀死前，他们被勒令交出贵重物品，脱掉他们的外衣。男人、妇女和孩子们被带到一个处决地点，大多数情况下都位于一个挖掘得很深的反坦克壕沟旁边。然后他们被枪杀，跪着或站着，尸体被扔进壕沟里。"

关于屠杀的报告堆放在海德里希的办公桌上，在侵略开始的几周内他乘坐德国空军的飞机巡视后重新回到工作岗位。一些报告用官僚机构的回避措辞来表达——"处置""无害的放弃""占领"。但是来自立陶宛的消息，特别行动队B坦白地报告"目前每天大约500名犹太人同其他从事破坏的人正被消灭掉"。关于9月27日和28日发生在基辅的事情就没有委婉的说法：显然是对红军埋设的地雷爆炸造成德军伤亡的报复，33771个平民——绝大多数是犹太人——在叫作巴比亚峡谷附近的地方被枪杀。1941年底，海德里希的统计数字显示特别行动队在拉脱维亚、立陶宛、爱沙尼亚和乌克兰当地志愿者民团的协助下杀害了近50万人。

同这些行动相比，入侵后一个月左右发生在明斯克城的枪杀算是比较温和的。它被视为特殊只是因为海因里希·希姆莱的出现。这个不寻常的人，希特勒的建筑设计师艾伯特·斯佩尔后来形容他"半是学校校长，半是疯狂的人"，想看看屠杀到底是如何进行的。他命令特别行动队B的指挥官将100名犯人排成行，有男人也有妇女，然后枪杀他们。"当听到第一阵枪声并且牺牲者倒下去时，希姆莱开始觉得不舒服，"事后一个党卫队军官说，"他站立不稳，几乎倒在地上，然后他强打精神。接下来他愤怒地训斥行刑队成员糟糕的枪法。一些妇女还活着，因为子弹只是打伤了她们。"

受这个经历的震动，希姆莱命令他的指挥官们找出一个更人道的集体屠杀的办法。很快特别行动队就在

仿效在波兰建立的模式，士兵们同一名特别行动队队员准备在一个临时绞架上绞死五名苏联平民——这仅是用来消灭苏联"不良分子"的一种方法。这张照片是一名德国军官在斯摩棱斯克附近拍的。

密封的卡车里毒死他们的犯人，这些卡车是经过专门设计——将一氧化碳废气直接排向车里面的受害者。执行者们不停地发怨言，因为卡车一次只能容纳不到 25 个人，根本不足以进行希姆莱和他的走狗所要求的大规模屠杀。显然，灭绝的办法还不得不进行改进。

苦难的
逆向迁移

1939年9月，波兰军队在德国的闪电战攻击下崩溃了，希特勒安排党卫队国家领袖希姆莱吸收范围广泛的德意志族人来新帝国。几个世纪以来德国人一直向东移民，建立的居住地从波罗的海沿岸国家、巴尔干地区一直到肥沃的苏联心脏地带；到1900年，仅苏联的德意志族人就有近200万人。无论到哪里，

德意志族人都保持他们的语言和风俗习惯。现在他们的毅力再次受到考验，当他们离开接纳他们归化的土地去大德意志帝国面对不可知的未来时。一些移民，像下图来自乌克兰的移民，在武装护送下迁移。

这个计划给了希姆莱测试一些他所信仰理论的机会。许多波兰人将作为"生物学敌人"清除——斯拉夫人和犹太人——为德意志族人腾出生存空间，希姆莱把德意志族人看作"血液和土地的贵族"。实际上，最终迁移的125万德意志族人中的许多人对这个方案是持怀疑态度的，并且不得不被强迫离开他们的家园。希姆莱宁愿视这种不妥协是一个好迹象，说明"德意志人血液中有反抗的天性"。

171

特兰西瓦尼亚的一座路德教派的
教堂里，传统的戴头巾妇女同男人们
分开坐着。罗马尼亚500000德意志族
人中，大约有200000人在战争的头两
年被重新安置到波兰或德国。

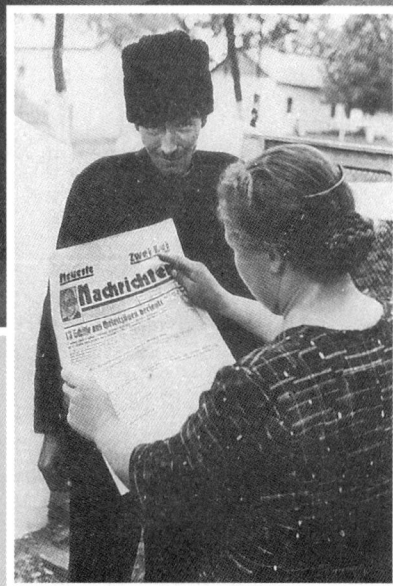

1941年，罗马尼亚塔瑞沃特的一个德
意志族居民向一个邻居念当地的德文报纸。
大标题报道一支13艘船的盟军船队沉没了。

172

伏尔加附近的贝尔泽一家纺织工厂用俄文和德文书写招牌。1941年8月，德国越过苏联边界两个月后，苏联将379000名伏尔加德意志族人作为"叛乱者和间谍"流放到荒凉的苏联东部。

伏尔加地区的一个德意志人社团的马克思中央图书馆，学生们在一尊列宁雕像底下做家庭作业。这样的学校比当地的苏联人学校远为优越，它使德意志族人的受教育率达到百分之百。

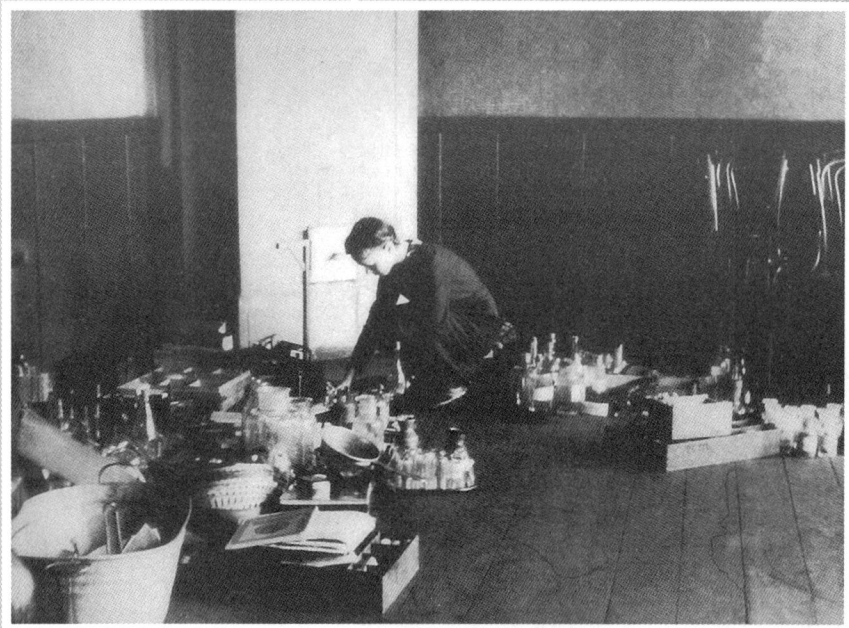

波罗的海国家拉脱维亚首府
里加，一个德裔学校老师在她的
教室收拾设备准备迁到被吞并的
波兰领土。

这是战争早期在东欧经常看到的场景，一位
见证人比喻为"美国拓荒时代"的展现，遮盖起
来的四轮马车拉着德意志族人和他们的财产沿着
荒无人烟的道路前往希特勒的第三帝国。一些马
车行走了 2000 英里之多。

在里加的一个码头四周堆放着他们的行李，拉脱维亚德意志族人在等乘船去但泽时，玩牌打发时间，1939年德国把波罗的海但泽这座自由城重新收回。

波兰被占领土切尔诺附近一个重新安置营里，一个年轻的新到者领到一幅元首的画像。人们拿着号码牌来区别每个家庭。所有到来的人都要接受党卫队医生和检查员的详细检查，看看他们是否适合送往第三帝国。

东普鲁士边境埃德陶考镇上的人们在写有"欢迎来到伟大的德意志！"字样的拱门前，向缓缓进镇的拉脱维亚德意志族人敬礼。这样的欢迎仪式是虚伪的，一位纳粹官员写道，长期待在重新安置营里使许多德意志族人"失望、痛苦和绝望"。

新型军官
的学校

1934年，党卫队羽翼未满的武装分队——即党卫队特别机动部队——开始进行从比德国军队控制更广的地域招募军官的行动。忠实遵循普鲁士贵族传统，军队寻找受过良好教养的军官候补人，他们至少要中学毕业。党卫队特别机动部队，正好相反，提拔有前途的候补人，而不考虑他们的教育程度或社会地位。

作为一个组织它还没有可以炫耀的光荣历史，这种不考虑阶级的办法有它产生的必然性。但是，那些负责培养新党卫队精英的学校把目标定得很高。他们称他们的学校为年轻贵族学校，并且制定了一个将农民和工匠的儿子变成军官和绅士的课程。

这些努力后面的最高策划者，退休中将保罗·豪塞尔，具有贵族社会权威的形象。他的方式反映在为容克学校选择校址上。例如，巴登托尔兹（右）舒适的操场，给士官生们留下深刻的印象，无论他们出身如何，他们已经提升到一个高傲的地位，于是必须表现出来。

对于一些人来说，课程所要求的实质性基本训练没有什么特别的军事意义。新来的士官生领到一个礼节手册，规定饭桌上的礼节（"餐具只能用手指拿而不能用整个手握住"），甚至还有规定写信如何结尾（"希特勒万岁！你真诚的朋友，X"）。通过文化活动和关于纳粹理论的讲座，正确的礼节得到进一步巩固。但是训练的核心是令人兴奋的竞技体育和野战训练的混合体，旨在产生出被训练成卓越指挥官的年轻贵族。

建立在巴伐利亚田园般的阿尔卑斯山下，巴登托尔兹是战前建立的两所党卫队军官培训学校之一。两所学校都由出生于普鲁士的保罗·豪塞尔监管，他是党卫队特别机动部队的督察员，图右靠在椅子上的他正同学校指挥官商谈。

图右靠在椅子上的保罗·豪塞尔正同
学校指挥官商谈。

教授战术
和瓦格纳

党卫队教官承担的教室提问范围从沙盘上玩战争游戏到解释希特勒的《我的奋斗》。通常，意识形态没有军事理论更使士官生们感到振奋；许多人作为希特勒青年团的成员已经深入了解这些宣传。不过，意识形态是考试的一个重要课目，在五个月课程中，经过考试，每三个候补军官就要淘汰一个。在一次考试中，士官生们被要求阐述希特勒这几句话："血统混杂，以及依赖血统的种族标准的沉沦，是所有文明消亡的唯一原因。"

在战争期间容克学校接收来自被占领土的新人时，强调种族纯洁性证明是令人困惑的。大多数外国人被招募同苏联作战，因此党卫队教官们把日耳曼血统的神圣改为布尔什维克主义的邪恶。

站在一个战场前，这是在一个沙盘上按缩小比例制作出来的，一名士官生（右）对党卫队教官（左）提出的战术问题给予回答。

在一个挂有卐字类似大学的大厅里，一个笔直站立的教官向一个专心听讲的士官生班就纳粹哲学发表演讲。

小提琴演奏教师在一旁，一群学生练习弦乐四重奏的艺术，这些弦乐曲是从像巴赫、贝多芬和李斯特等通过批准的经典名曲里挑选出来的。

重视健康
和灵活

　　容克学校的一个目标就是培养适合运动中作战的军官。以一战后期提出的机动战术为基础，豪塞尔将军教导这些士官生准备发动令敌人措手不及的快速突击。按照豪塞尔助手菲力克斯·施坦因纳上校的说法，这种方式要求"一种灵活适应力强的士兵，具有强健的体魄，和超出常人的忍耐力"。

　　为了培养这些运动员型士兵，党卫队不惜代价。巴登托尔兹的设施包括一个可进行足球和田径比赛的体育场；专门的拳击、体操和室内球赛场馆；一个保温游泳池和芬兰蒸汽浴房。这些综合设施吸引来了杰出的人才。一度，巴特托尔兹12名教练中有8人是各自从事项目的全国冠军。

　　巴登托尔兹一名士官生挡开击剑对手的刺杀。希姆莱迷恋贵族风尚，允许使用剑和手枪决斗，下令"每个党卫队队员有权利和义务使用武器捍卫他的荣誉"。

在巴登托尔兹，竞技体育计划重视集体训练，比如向上掷实心球或穿越人圈（左），还有个人项目，比如跨越高栏(上)。容克学校通过成功地战胜陆军和空军运动代表队大大提高了他们的声誉。

在一次识别地图训练中
（左），教官向一名士官生
指示地形标志，演习中候补
军官们发动了一次两栖进攻
（上），这种演习是为了达
到最高统帅部对机动作战的
要求。

培养英勇
作战的军官

　　进入容克学校的绝大多数候补军官都是由他们的指挥官推荐，来自党卫队、冲锋队和盖世太保各级具有丰富经验的人员。但是，并不是所有的士官生都已经训练到很高的水准，在他们在容克学校的最初几个星期期间必须进行操作式器、排除故障训练，以及其他基本课程。基础训练后，士官生们学习小部队指挥官必须掌握的高级军事技能，包括战地通信、步炮协同作战以及在敌方海岸登陆攻击技术（左图）。

　　宗旨始终如一就是要培养这样的军官，他们不是轮子上的齿轮，而是机动整体作战的多面手。学校培育了一种冒险好斗的精神，这种精神经常能获得巨大的军事胜利，但是有时也使年轻军官们投入到不必要的冒险中去。由于所有容克军校生都具有这种精神，并且作为党卫队队员他们仍然是政治士兵，因此可以不需要任何军事理由要求他们执行命令。

　　学习投掷手榴弹和跨越栅栏使容克军校生们做好与他们的战友分担作战危险的准备。在后来的战斗中，巴登托尔兹1938年毕业生死亡率高达70%。

学习山地作
战的技巧

在战争中，当党卫队的作战任务增加时，党卫队在奥地利和捷克斯洛伐克又成立了两个容克学校，并且在整个占领的欧洲建立了许多特别训练中心。在一个气势宏伟的地区学习山地作战的严格技巧——在奥地利和意大利边界处的提罗尔阿尔卑斯山。

对于学校1942年报到的第一批候补军官，壮丽的景色似乎是一个远离苏联和非洲残酷厮杀战场的世界。但是战争离他们越来越近。到1943年，党卫队山地士兵不得不中断他们的训练与意大利游击队作战，因为游击队认为赶走德国人的时候到了。

提罗尔的士官生们模拟抢救一名战友。一个人背着伤员站在山坡上，图近处的两个人作为绳索的平衡力。

面对11000英尺高的山峰，人显得很矮小，党卫队训练人员用一挺机关枪进行瞄准，此时他们的教官观察下面的山谷。山地学校毕业生率领部队在意大利同游击队和美国人作战。

4. 希特勒的私人部队

没有指挥官敢于公然蔑视阿道夫·希特勒。没有人会不考虑他们自己的生命安全。但是约瑟夫·"塞普"·狄特里希不是一个普通军官。到 1940 年春，元首的前保镖指挥着以希特勒命名的党卫队军团——有足够的理由增强一个士兵的自豪感。他同他的主子一起为权力而斗争并赢得了他的最高奖赏：希特勒甚至称他为一位国家的著名人物。如果有人获得了向元首的判断提出质疑的权力，那么这人就是塞普·狄特里希。

5 月 24 日晚上，当德国陆军按照元首的命令在阿运河非常勉强地停止地面推进时——他们正准备在敦刻尔克消灭盟军部队——狄特里希最精锐的"阿道夫·希特勒"党卫队警卫旗队也暂停下来，但是只暂停了一晚。从运河对面 230 英尺的高处，盟军的侦察员可以指引连续不断的炮火打向他暴露的部队；狄特里希不得不迅速行动以拯救他的部队。第二天早上——不顾希特勒的命令——狄特里希命令他的第三营越过运河。他们爬上那个小山并赶跑了那些侦察员。对于这种违反命令的行为，换成另一个军官至少要丢掉官衔，但是狄特里希获得了铁十字骑士勋章。不久以后，充满感激之情的希特

1943 年武装党卫队"髑髅"师一名穿作战服的坦克中士，和德国装甲步兵一起，进入哈尔科夫城。他的上衣上别着一枚步兵突击勋章、一枚铁十字一等勋章和一枚银制负伤勋章，这枚勋章表示他已经负伤两次以上。

勒同所有警卫旗队的成员共享他的快乐，告诉他们从此以后"你们以我的名字率领每一次德国的进攻，这将是你们的荣誉"。

元首的这种支持是警卫旗队和其他受希特勒表彰的武装党卫队部队发展的一个里程碑。党卫队军队更加起劲地驳斥他们作为阅兵场士兵和在占领波兰强弱悬殊的作战中表现是二流队伍的说法。它们最先在法国陷落中发挥了重要作用，然后是在巴尔干行动和入侵苏联中取得更辉煌的成就——一直到战争结束，一系列的表现使武装党卫队赢得了第三帝国"灭火队"的称号。

如果说"阿道夫·希特勒"党卫队警卫旗队是武装党卫队的心脏的话，那么塞普·狄特里希就是它的灵魂。1941年党卫队的官方杂志《黑色军团》吹嘘狄特里希是"他部下的父亲……部队指挥官的榜样，对于他的同志，他是一名拥有一颗不平凡的亲切心的坚强战士……阿道夫·希特勒的忠臣……是一名毫无畏惧、完美的骑士"。1933年3月，狄特里希响应希特勒的号召成为一个贴身警卫。他建立了"柏林党卫队本部警卫"，120个经他精心挑选的男子不仅保护元首，而且还要——按照赫尔曼·戈林不怀好意的说法——完成"其他的任务"。

经过多年的发展，这支御林军逐渐成为令整个欧洲颤抖的精英军队，又过了几年希姆莱又命名这支军队为武装党卫队，但是它早已执行灭绝行动。在开始的几

塞普·狄特里希——最开始是希特勒的私人警卫，逐步提升为党卫队装甲军司令——在苏联前线振作自己抵御严寒。"我总是给他机会前往关键地点作战，"希特勒评论，"他是一个同时具备狡猾、活力和残忍的人。"

个月内，柏林特别队被重新改编成"阿道夫·希特勒"党卫队警卫旗队，这样能够确保与它同名的人给予热切的关注。1933 年 9 月 9 日晚——失败的啤酒馆暴动十周年——警卫旗队，现在足足有 800 人，聚集在巴伐利亚首府慕尼黑举行一个庆祝活动，这个活动加强了这支部队同元首关系的特殊性质。在弗尔德赫哈勒墙前高举震撼人心的火炬，这个军团的成员宣誓效忠希特勒，发誓只忠于他一个人并"誓死服从"。

狄特里希的警卫旗队没有等太长时间就显示了它的忠诚。1934 年 6 月，在"长刀之夜"，警卫旗队被委派执行凶残的大清洗任务，恩斯特·罗姆和冲锋队其他不服管的领导人在这场清洗中被杀害。作为对于他在镇压冲锋队行动中"杰出表现"的奖赏，塞普·狄特里希于 1934 年 7 月 5 日被提升为党卫队中将；同其他这场大清洗的参与者一样，他发誓对于那天晚上以及接下来几天他所看见的和所干的事情保持沉默。

几个月后，1934 年 9 月，为建立纳粹党的军事组织，希特勒迈出了巨大的一步，批准成立听命于希特勒的党卫队特别机动部队，包括他的嫡系领袖警卫旗队。党卫队特别机动部队提供了一个未来党卫队师成长的胚胎。当元首的命令令德国陆军许多人感到吃惊时，接下来的春天希特勒发布的命令引起了全世界的关注：他宣布将恢复根据《凡尔赛和约》在德国禁止的军队征兵和德国将建立一支拥有 36 个师的陆军，这是和约规定的数倍。一年后，1936 年，在慕尼黑，当德国军队，其中包括警卫旗队的部队，重新占领莱茵兰时，希特勒向全世界发出了另一个信息。

尽管党卫队特别机动部队对陆军的垄断产生了威胁，陆军仍然在一个时期成功地遏制了它对手的发展。陆军是党卫队特别行动队主要的供给线，是它武器和许多必不可少的军事训练的唯一来源。更为重要的是，陆军能够通过第三帝国的国防军兵役委员会网络来控制新成员流向党卫队特别机动部队。这些地方兵役委员会负责征召新兵入伍，然后根据德国最高统帅部制定的配额安排他们去武装部队的各式各样的分支机构。这样限制武装党卫队的规模是一件很容易的事情，就是给它安排一个相对较低的配额——或许最高统帅部的将军们是这样认为的。

但是在他们扬扬得意时，这些将军们低估了海因里希·希姆莱创建一支强大私人军队的决心。希姆莱成立了两个新的武装党卫队团，"日耳曼"团和"德意志"团，它们同"阿道夫·希特勒"党卫队警卫旗队和一个通信分队一起组成党卫队特别机动部队。希姆莱决定，这些新部队不应像警卫旗队最初时期一样一直是别人嘲弄的对象，那个时候警卫旗队受到轻视，被认为是一个庆典警卫的工具，检阅时看上去很精神，但不适合成为一支真正的战斗部队。为了结束这种局面，党卫队在拜德特尔茨建立了一个军官培训学校，另一个建在不伦瑞克。这两个容克式学校依靠常规陆军训练方法以及前德军军官的有力协助来培植他们的符合作战要求的士官生。这些人选在踏上学校的操场前必须符合严格的要求。比如，党卫队军官不能低于五英尺十英寸，警卫旗队的人选还要比这个标准高一英寸。

1936 年 10 月 1 日，希姆莱任命不伦瑞克的指挥官保罗·豪塞尔为党卫队特别机动部队的督察员，军衔是准将。在他的新岗位上，豪塞尔计划把在军官培训学校行之有效的训练方法运用到整个党卫队特别机动部队。在这个过程中他逐渐将党卫队特别机动部队按高贵的新帝国常规武装部队的形象塑造成一支值得称赞的部队。的确，到 1937 年下半年，希姆莱已经能够以毫不掩饰的骄傲宣布："按照武装部队目前的标准，党卫队特别机动部队已经做好战争的准备。"

尽管豪塞尔成功地完成了塑造党卫队特别机动部队具备作战能力这项艰难的任务，但是塞普·狄特里希棘手的独立性给他带来了无尽的麻烦。鉴于豪塞尔的全部军事经历，豪塞尔在党卫队的地位要远远高于那个小小的出身农民的前陆军中士，傲慢自负的狄特里希和冷峻、苛求的豪塞尔之间的个性冲突因这个事实而日益加剧。冲突就是因为狄特里希能轻易接近元首和在希特勒的私人神殿里警卫旗队拥有荣耀的地位。甚至希姆莱也抱怨警卫旗队"本身有一套完整的法规"。在这一点上，豪塞尔受到狄特里希顽固的严重打击，以致他威胁要辞职并嘲弄地建议希姆莱让狄特里希担任党卫队特别机动部队的领袖。但是，当狄特里希意识到豪塞尔的训练和组织技能令党卫队特别机动部队声名鹊起，甚至开始引起国防军的注意时，他及时地变得比较顺从。

狄特里希作为一个虚张声势的骑士的所有声誉，同西奥多·艾克相比就显得黯淡无光，他是一个"自称为党卫队太子"的人，一位纳粹同事这样描述他。这位从前的陆军军需官和警察卧底，像狄特里希一样，很快爬到党卫队的一个重要位置。1933 年希姆莱任命艾克为达豪集中营的指挥官，而艾克加入纳粹党只有五年。同一年，艾克建立了第一支党卫队的"髑髅队"。这些看守分队成为未来武装党卫队的另一组成部分党卫队髑髅旗队的核心。

艾克的生涯在 1934 年 7 月 1 日达到一个转折点，他值得怀疑地分享了处死恩斯特·罗姆的荣誉。四年后，艾克被任命为第三帝国集中营系统的督察员并成为集中营看守部队司令。任命一个星期后，他被提升为党卫队少将，是党卫队中被授予的第二高军衔；在接下来一年间，他利用他的新职位巩固他的力量并且把他广为分散的看守部队转变成同党卫队特别机动部队抗衡的一支武装部队。

党卫队特别机动部队一开始为它的精英主义感到自豪，党卫队髑髅旗队却在享受它的粗暴。艾克的"髑髅队"吸引没受过教育的人、失业者和没有道德的人参加，组建成一位观察者所形容的一支"恶棍部队"。艾克似乎喜欢这样并咒骂任何"可笑的模仿军队编制的企图"。1937 年，艾克发布一条命令，宣布髑髅队"既不属于陆军，也不属于警察，更不属于特别机动部队管辖"。但是同狄特里希一样，艾克最终还是改变他的态度，不太情愿地按常规部队的编制重新组建党卫队髑髅团。

对付像狄特里希和艾克这样的人不是件容易的工作，但幸运的是对于豪塞尔来说有许多听其支配的前常规部队军官，他们证明更有纪律性和专业性。其中最有影响的是菲力克斯·施坦因纳。同豪塞尔一样，他是一名第一次世界大战的老兵，亲身体会了战壕战的徒劳无用。施坦因纳考虑，需要的是一个高度机动、高度纪律

党卫队

军衔	领章	军衔	领章
党卫队国家领袖 （美军没有对应的级别）		党卫队二级突击队中队长 （中尉）	
党卫队副总指挥 （上将）		党卫队三级突击队中队长 （少尉）	
党卫队地区总队长 （中将）		党卫队突击队小队长 （军种军士长）	
党卫队师队长 （少将）		党卫队一级小队长 （二级军士长）	
党卫队旅队长 （准将）		党卫队二级小队长 （技术军士或上士）	
党卫队团队长 （美军没有对应的级别）		党卫队三级小队长 （参谋军士或上士）	
党卫队旗队长 （上校）		党卫队四级小队长 （中士）	
党卫队一级突击队大队长 （中校）		党卫队组长 （下士）	
党卫队二级突击队大队长 （少校）		党卫队突击队员 （一等兵）	
党卫队一级突击队中队长 （上尉）		党卫队队员 （二等兵／一等兵）	

性的战斗部队，他们的闪电行动"将把敌人分割成片然后消灭这些孤立的残余部队"。

被任命为以慕尼黑为基地的"德意志"团的指挥官，施坦因纳致力于将军事理论运用到实践中，提出许多被武装党卫队上下吸收的改革建议。比如，施坦因纳成立小型机动的战斗小队，它们能对任何紧急事件做出迅速反应。为了增强火力，他为手下的一些人装备了手提轻机枪和手榴弹以取代步枪，并为了更好的掩蔽给他们穿上新设计的迷彩服。在训练场上，他从强调行进技能转

为了将党卫队军官和招募的人员同德国军队区分开来，党卫队维持了自己一套军衔体系。上面是对比美国陆军的军衔相应列出党卫队1942年至1945年的军衔使用方案，军衔范围从党卫队员，或列兵，一直到党卫队国家领袖，一个专门为希姆莱保留的级别。

变为强调竞技体育以努力建立一个受特殊团队精神激发的军事运动员中心。施坦因纳充满活力的方式吸引了他的上级的注意,并最终使他成为希姆莱"最喜欢的孩子",豪塞尔有些刻薄地这样描述。

1938年8月17日,希特勒宣布他的武装党卫队注定不仅仅是一支私人警察武装。他授权党卫队特别机动部队成为摩托化部队并且命令——毫无疑问引起德军将领的恐慌——它既要在即将到来的战争中作战,还要强制执行战后纳粹控制下的和平。按照他命令的观点,党卫队特别机动部队和党卫队髑髅旗队要准备既在"特殊的国内政治任务"中使用还要在战争动员的情况下使用。只要还在维持和平,武装党卫队就要向希姆莱汇报并从德国国防军获得武器和装备。一旦战争爆发,党卫队部队将要听从希姆莱的命令,或者是在元首认为合适的时候听从陆军总参谋长的调遣。即使他们由陆军指挥的时候,这些部队将"在政治上仍然是纳粹党的一支武装"。党卫队特别机动部队也将继续由内务部资助,尽管允许德国最高统帅部详细审查党卫队特别机动部队的预算。

希特勒的命令规定,在党卫队特别机动部队服役要尽一个年轻德国人的军事义务,但是在党卫队髑髅旗队服役却不用。这个命令规定,如果爆发战争,党卫队髑髅旗队的一些部队将作为党卫队特别机动部队所缺少的预备部队,直到此时该命令才加强了党卫队特别机动部队和党卫队髑髅旗队之间脆弱的联系。其他的党卫队髑髅旗队将作为"警察部队"动员，按照希姆莱的怪念头部署。但是，在和平时期，党卫队髑髅旗队将继续执行"警察性质"的任务——比如，看守集中营——并将同党卫队特别机动部队表面上没有任何关系。

在全部训练和准备中，武装党卫队还检验了部队在作战中的勇气。1938年有了两个机会。三月，狄特里希率领警卫旗队的一个摩托化连在吞并奥地利行动中随同德军一起占领了奥地利。但是奥地利人一直没有抵抗。同样地，党卫队特别机动部队的三个团和党卫队髑髅旗队的两个连，秋天参与了占领捷克斯洛伐克的苏台德地区，也没遇到抵抗。德国最高统帅部发布一道命令，在苏台德行动后祝贺这些部队，故意没有提到党卫队的作用。希特勒在看这道命令的草案时，坚持表彰中一定要把他的嫡系部队写进去。

直到波兰在1939年夏末被占领前，党卫队部队都没有接受过战火的考验。为了准备入侵波兰，8月19日希特勒动员了许多党卫队部队，包括施坦因纳的"德意志"团和狄特里希的"阿道夫·希特勒"党卫队警卫旗队，并命令他们隶属于各常规部队的指挥。随着战争的逼近，党卫队证明它在野战作战同在慕尼黑和柏林大街和广场阅兵一样令人印象深刻的时候到了。希姆莱向他的特殊士兵告别时慈父般地告诫："党卫队士兵们，我期待你们赢得更大的光荣。"

战争爆发，波兰的战事让党卫队部队的作战效率遇到很大的麻烦。他们的作战意愿从未受到怀疑——实际上，在某些情况下他们似乎太急于求战。德国最高统帅部，一点也不觉得奇怪地选择降低党卫队在波兰的作用，提出报告认为党卫队在战场上表现得很鲁莽，使他们自己陷入不必要的冒险中并且招致的伤亡比例远远大于德军部队。另外，最高统帅部认为，党卫队缺乏训练，它的军官无知得可怜，根本不适合指挥激烈的战斗。的确，让党卫队更加尴尬的是，狄特里希的领袖警卫旗队士兵发现他们在帕比亚尼斯被波兰部队包围后，不得不由一个步兵团将他们解救出来。

在它的辩解中，党卫队认为德军提供的装备一直不是很优良，而且在不熟悉的德军指挥官指挥下部队分散作战的命令也令党卫队行动受阻碍。这样的借口没能抚慰将军们。在入侵波兰之后，他们想方设法解散党卫队特别机动部队，但是没有能说服希特勒。与此同时，希姆莱为他的部队争取更大的自主权而进行游说，坚持认为应当允许他们以自己的师作战，拥有自己的指挥官，并且有自己的武器和后勤部队。

希特勒不想进一步冲他的军队将领发火，而且同样不太愿意训斥他的党卫队领袖，选择了一个中间道路。他允许党卫队按希姆莱要求的那样成立自己的师，但是把这些师置于战地军队的指挥下。于是，1939 年 10 月上旬，三个党卫队特别机动部队团——德意志、日耳曼、

领袖——重新编成党卫队"帝国"师。剩下的党卫队特别机动部队团"阿道夫·希特勒"党卫队警卫旗队，成为一个摩托化加强团，但是故意不加入"帝国"师以便今后能扩建成另一个。另外，还将有两个新的野战师：党卫队"髑髅"师，抽调艾克指挥下的党卫队髑髅旗队组成，以及由纳粹政权的便衣警察部队组成的党卫队警察师。

突然间——也令将军们感到警觉——从入侵波兰初期曾经只有大约 18000 人的部队现在已经足有

同情者向武装党卫队士兵致敬，在 1940 年 5 月 14 日荷兰投降后，他们正开过一条阿姆斯特丹的街道。这种游行是摩托化周游荷兰行动的一部分，在行动中德国部队企图威慑人民，他们丝毫没有表现出闪电占领荷兰的艰难。

100000 人。另外，为了防止新成立的师受德军的干涉，希姆莱劝说元首成立特别党卫队法庭以审判违纪的党卫队人员，成功地使党卫队脱离了德国军队的司法系统。

按照希姆莱的观点，特别法庭的成立已经不太及时。一个党卫队士兵已经因枪杀 50 名波兰犹太人而受到军事法庭的审判。希姆莱希望确保这样的审判不会再发生，特别是现在一些德军军官抱怨党卫队在波兰后方的屠杀行动。

在为部队争取自主权的不懈努力中，希姆莱得到了他口齿伶俐、聪明的补充处处长戈登洛勃·伯格尔的帮助。采取强有力的谈判技艺，伯格尔得到了德国最高统帅部的同意，成立一个独立的后备网以提供招募新兵、后勤、行政管理、福利、武器制造以及医疗服务。这些部门将由党卫队派出人员管理，而不是德国军队。在向伯格尔的另一个让步中，德国最高统帅部批准党卫队为它的野战师建立预备队。由于希姆莱被授予管理这些预备队的全权，因此他指挥他们在整个欧洲被占领土上参与各种"警察活动"，得以解脱的党卫队"髑髅"师部队经常为后来加入武装党卫队的预备队安排这样的任务。

希姆莱为他的军事部队安了一个集体名称武装党卫队（Waffen-SS），取自德文武器（Waffe）这个词。希特勒于 1940 年 3 月令武装党卫队的情况变得极其复杂，这时他授权成立四个新的炮兵营，隶属于武装党卫队和狄特里希的警卫旗队。虽然军队应当向党卫队提供武器装备，但是最高统帅部现在显然非常不愿意减少它自己的军火。最高统帅部只有同意缓慢地向武装党卫队提供火炮。到西线战争爆发时，领袖警卫旗队的新炮兵营得到了它所需的武器——无疑是因为狄特里希的特权地位。但是其他部队才刚刚开始装备。

在解决供给瓶颈的过程中，海因里希·加特纳，党卫队采购办公室负责人，试图越过军队的分配体系直接同新成立的帝国武器和军火部打交道。在一次同军备部长弗里茨·托特的会谈中，加特纳拿出一个党卫队采购单，包括上千支小型武器、几百件火炮零部件以及成百万发的炮弹。丝毫没有因这种要求数量巨大而惊慌，托特确保了加特纳同他的合作，虽然是有代价的——20000波兰劳工被送到第三帝国的兵工厂干活。

他显然并不满足从托特那里打开的武器渠道，加特纳还安排直接从生产商那里采购一大批发烟手榴弹。这种对最高统帅部的冒犯，再联系到托特这个秘密渠道，对将军们是巨大的侮辱，他们不能视而不见。1940年6月18日，党卫队被告知最高统帅部决不支持一个"私下的后勤组织"，并且只要武装党卫队隶属于军队，它就要通过军队的渠道获得它所需要的东西。最高统帅部的命令导致加特纳党卫队补给渠道计划的破产。希姆莱的部队在争取自主权的斗争中输掉了一个重要回合。

1940 年 5 月，"髑髅"师的部队向敦刻尔克挺进。图中被缴获的英国装甲车已经被涂上了德国十字架和"髑髅"师头盖骨的标志（后挡板）。

当希姆莱和他的助手们在幕后策划扩大他们的领地时，武装党卫队正士气高涨地做好西线战争的准备。隶属军队指挥，党卫队部队在 1939 年冬季和 1940 年春季进行了作战训练。同时，第三帝国的战略家们再三密谋他们的进攻计划，最终这个计划代号为"黄色方案"。

在最后的方案中，德国人的战略要求一支部队在一次声东击西的进攻中横扫荷兰和比利时，这样引诱盟军向北移动，此时另一支部队穿过阿登森林直捣法国的心脏，歼灭英国远征军和至少一部分法军。与此同时，第三支部队将佯装进攻马其诺防线深入南部，拖住那里的守卫部队。这三支部队将会合攻占巴黎并消灭法国军队。

五月初，一支部队进入德国西部边境的指定地点，党卫队部队和常规部队联合行动。隶属第 227 师的警卫旗队、"帝国"师的一个团和"元首"师在荷兰边境附近集结待命。"帝国"师的其他部队集结在威斯特法伦的明斯特附近，等待荷兰的边境一旦被击破他们就入侵这个国家的信号，同时"髑髅"师和警察师在德国作为预备队。

1940 年 5 月 9 日晚，代码"但泽"突然发给进攻部队的 136 师。第二天凌晨，当第一缕阳光洒向荷兰时，德国的坦克、飞机和步兵轰鸣着穿过边界线。闪电战开始了。

在德国的先头部队中，"阿道夫·希特勒"警卫旗队迅速打败了德波皮镇附近的荷兰边防部队，然后向艾吉塞尔河推进，其中一个摩托车连仅用五个小时在没有遇到任何抵抗的情况下推进了48英里。同时"元首"师协同第127步兵师穿过阿纳姆附近的艾吉塞尔并向乌特勒支推进。

第二天早上，党卫队"帝国"师在豪塞尔的指挥下，同第9德国装甲师渡过马斯河向莫尔狄克和鹿特丹推进。面对德国人和炸弹突然的猛攻，荷兰人进行了零星的抵抗，英国和法国军队迅速向北移动以解救他们被包围的荷兰盟国。这正中德国战略家的下怀。5月11日早晨，第9装甲师和党卫队"帝国"师在蒂尔堡镇附近迎面遭遇亨利·吉拉德将军指挥的法国第七军。在激烈的战斗中，法国部队抵抗不住了，不到三天，吉拉德部队就从荷兰撤出并重新部署在比利时。

第9装甲师和"帝国"师继续穿越荷兰向前推进，现在又得到狄特里希警卫旗队的增援，5月12日下午，德国坦克已经推进到北海边鹿特丹的市郊。他们在那里因荷兰的顽强抵抗而停了下来。两天后，德军对该城的进攻仍然受阻，希特勒和戈林为了让鹿特丹屈服，决定轰炸该城。后来的进攻，尽管只持续了恐怖的15分钟，但已足以将城市中心夷为平地，800多荷兰平民死亡。两个小时后，鹿特丹的守军投降。

在守军投降前，狄特里希的警卫旗队冲入鹿特丹的街道。附近，克特·斯图登特将军，德国空降特种部队的创建者和司令，将他的指挥部设在刚撤空的荷兰军队司令部。经过这座大楼时，狄特里希的党卫队队员们看到全副武装的荷兰士兵聚集在大楼外面，但是没有注意到他们正按照投降条款的规定解除他们自己的武装。好动枪的警卫旗队用机枪向不幸的荷兰士兵扫射。当斯图登特将军走到窗前想知道为什么开枪时，一颗流弹击中了他的头部。

虽然严重受伤，但是在同警卫旗队的这场遭遇中斯图登特还是活了下来。党卫队部队快速向代尔夫特和海牙挺进，没有意识到他们几乎杀死了德国最优秀的将军之一。狄特里希的人刚离开鹿特丹，荷兰武装部队总司令亨利·杰拉德·温克尔曼就向德军投降了。虽然如此，警卫旗队一路横扫，在5月15日抵达海牙之前已经抓获3500名战俘，并且听说荷兰已经投降了。

到5月24日，德军常规部队和武装党卫队在英吉利海峡的敦刻尔克海港周围已经把盟军部队逼进一个紧紧收拢的口袋里。警卫旗队，向西突进加入海因茨·古德里安的第19装甲军，正位于阿运河边面对盟军在瓦当附近的防线，距离敦刻尔克西南只有15英里。在东南，党卫队"帝国"师的一个32人的侦察小队已经跨过运河并且又渗透进五英里，只是被敌人的坦克包围，然后经过一场顽强的抵抗后他们被消灭了。"帝国"师的其他部队无所畏惧地越过运河，在离敦刻尔克30英里的圣维南特建立了一个桥头堡。

夜幕降临时，德国最高统帅部发布了希特勒引起争论的命令，立刻停止德军的进攻。第二天早上，狄特里希的人马非常危险地直接暴露在盟军对面高地的炮火之下，他不顾元首的命令，跨过运河抢占了那个高地。

同一天，英国部队成功地将"帝国"师赶出圣维南特；这是在西线攻势中党卫队部队第一次被迫放弃已经占领的地盘。这次挫折后，5月28日，一件近乎灾难的事接踵而来，一个被孤立的英军堡垒在狄特里希及参谋人员车辆经过时向他们开火。子弹引燃了车子的油箱，迫使狄特里希和他的助手爬进路边的一个壕沟里。从那里两个人爬进附近的一个暗渠，暗渠挡住了敌人雨点般的子弹，但是他们很难抵挡火焰喷射器，当时燃烧的汽油正喷入他们躲藏的地方。他们在自己身上涂满泥土以抵挡火焰的高温，接下来的五个小时，他们缩成一团躲在暗渠里，直到警卫旗队的第三营抵达并把他们营救出来。

5月26日，德国的进攻又恢复了。到5月28日，警卫旗队的小部队已经从英军手中夺回离敦刻尔克十英里的沃姆豪特村。前一天，在南部纵深，可怕的施坦因纳指挥的党卫队"德意志"团抵达莱斯运河边莫维利村的盟军防线。在这天下午，施坦因纳在运河盟军一侧建立了一个桥头堡，等待"髑髅"师和第三装甲师的到来，并且在他的团继续推进前掩护他的侧翼。当晚视察桥头堡时，施坦因纳和他的参谋听到他们原以为是德军坦克履带发出的可喜的轰隆声，结果却非常恐惧地意识到一长列大约20辆可怕的英军坦克已经渗透进他们的阵地。施坦因纳的士兵们自杀式地战斗，当敌人坦克推进到距他们不到15英尺时依然坚守阵地。施坦因纳看到一个党卫队军官在被一辆坦克辗死之前，英雄般地用手榴弹保护他自己和战友们。一个党卫队列兵，爬上一辆正在前进的坦克的顶部，徒劳地试图将一个手榴弹扔进坦克的观察孔。最后，"髑髅"师的一个反坦克排及时赶到才阻止"德意志"团丢失桥头堡。

在后来的战争中，其他党卫队部队都发生了类似的事，"德意志"团表现出的英勇精神被同一天在另一个地方犯下的暴行给抵消了。当"髑髅"师推进到莫维利附近时，遇到英军的顽强抵抗，弗立茨·克诺谢林率领的一个连包围了一个第二皇家诺福克连的士兵用作堡垒的农舍。决心拖延德军的前进步伐并为他们战友的撤退赢得时间，英国人激烈战斗了几乎一个小时。当他们弹药耗尽并知道没有获救的希望时，第二皇家诺福克连的100名士兵打出一面白旗并走出房屋，他们希望作为战俘关押起来。

按照克诺谢林的命令，投降的英军士兵首先被搜

弗立茨·克诺谢林，前达豪集中营看守军官，指挥"髑髅"部队于1940年5月27日在勒帕劳迪斯枪杀了大约100名英国战俘。这场屠杀发生在克诺谢林29岁生日那天。

查。接着，他们挤满在一个粮仓的墙前，被两挺机关枪组织的交叉火网射倒。那些幸存的人在党卫队离开暴行现场之前在近距离被射杀或用刺刀刺死。但是，埋在尸体堆下面濒临死亡的两个英军士兵没有死，他们在战后不仅讲述了他们的经历，而且亲眼看到克诺谢林因所犯下的罪行而被绞死。

到 5 月 30 日，绝大多数英国远征军以及它的法国和比利时伙伴们撤退到敦刻尔克，并且许多人已经勇敢地离开海岸到达英国的安全地带。德国入侵的主要战斗已经结束。武装党卫队的部队接下来参加了进军占领巴黎的战斗，然后向南突进在德军的最前部追击法军的残余部队。这与其说是一场战斗不如说是一场追捕——大多数斗志全无的法国部队未做任何抵抗就投降了。到 6 月 24 日，警卫旗队，比其他任何一只德国部队都突击得远，已经抵达巴黎南部 250 英里的圣艾蒂安。第二天，战斗结束了。经过仅六个星期的战斗后，德国占领了整个西欧。

当德军骄傲地宣扬它所取得的胜利时，最高统帅部仍然忽视武装党卫队在战场上的贡献，对武装党卫队的感谢留给了希特勒。在 1940 年 7 月 19 日德国国会的演讲中，元首表彰了参与西线作战的所有德国部队，但是他专门特别称赞 "英勇的武装党卫队师和团"，以及德国装甲军团，武装党卫队 "为自己在世界史上铭刻下一笔"。

元首的讲话不可估量地帮助增强了武装党卫队是一支非凡的精英军事组织这一观念——希特勒是这样描写的，"卓越的化身，受一种强烈愿望的鼓舞"。但是如果希特勒赞扬的话在第三帝国凸显了武装党卫队的军事美誉，那么这些话对最高统帅部没有任何影响，而且这些话也没有确保最高统帅部同希姆莱的宠儿进行合作。的确，当党卫队在法国的战斗中赢得尊敬时，在柏林，伯格尔向希姆莱抱怨固执倔强的最高统帅部正在阻止招募15000名党卫队新成员的计划。"麻烦是，"伯格尔愤怒地说，"元首的命令从来没有彻底执行过，总是半途而废。"

伯格尔仍然固执继续要求招募新成员，尤其是希特勒在仲夏突然向他密友表示苏联——而不是英国——将成为帝国入侵的下一个目标后。到1940年8月，计算出部队在计划好的侵略战争中的损耗后，伯格尔寻求希姆莱批准通过在刚占领的国家建立招募新兵办公室来扩大武装党卫队，因此指示招募"不受国防军制约的德意志族人和日耳曼人"。事实上，自从1940年初，欢迎的地毯已经为这些纯种的外国人铺好了；党卫队在它的军团中已经有许多拥有"北欧血统"的志愿者，包括43个来自瑞士的，3个来自瑞典的，以及5个来自美国的。

希特勒对招募外国人持保留态度。他觉得武装党卫队的任何扩大都会进一步离间他的常规部队的将军

NEDERLANDERS

VOOR UW EER EN GEWETEN OP! - TEGEN HET BOLSJEWISME DE WAFFEN SS ROEPT U!

招募

外国人军团

　　武装党卫队在召唤你！当海因里希·希姆莱逐渐扩大的军团在被占领土上招募新兵时，上面这份以醒目文字书写的荷兰文海报在二战期间用十多种语言重复印制。正如本页和后面几页所显示的，1941年德国入侵苏联时，党卫队招募新兵的海报用大写字母拼写，鼓励从布鲁塞尔到贝尔格莱德身体健壮的男子参加讨伐共产主义的战争。

　　不管他们签约参军是为了对抗布尔什维克主义或者就是去打仗，那些志愿者受到美化，被描绘成爱国者，他们的本国传统将受到党卫队军官的尊重。但是，没有新兵长时期抱有这个幻想。比如，来自比利时的大批天主教佛莱芒斯新兵惊慌地得知党卫队不允许他们在营地举行集体庆祝活动，令他们更为震惊的是，他们的德国中士嘲笑他们是"吉普赛人"和"白痴民族"。

下图，一个招募新兵广告上一名武装党卫队士兵成为一名北欧海盗战士的化身海报号召."斯堪的纳维亚人"为挪威而战。从左下图顺时针开始，其他海报分别是劝说法国平民保卫他们的家园，丹麦人击退布尔什维克主义，波斯尼亚穆斯林和克罗地亚基督教徒踏在一面红旗上，佛莱芒斯人捍卫比利时国徽，说法语的比利时人参加东线战斗做着同样的事情。

们。另外，外国人的加入损害了他只有"最优秀的日耳曼血统"才能成为党卫队的理想。但是，受海因里希·希姆莱和戈特洛勃·伯格尔建议的影响，他们提出让年轻的欧洲人把他们的能量投入到党卫队中总比参加反德国的抵抗组织好，希特勒批准建立一个新的党卫队师，绝大多数人从外国人中招募。到 1940 年 6 月，希姆莱已授权征召丹麦和挪威的志愿者编入新组建的党卫队"北欧"团并招募荷兰和比利时志愿者编入党卫队"西欧"团——这是新组建师的最开始两个团，也是许多党卫队部队中第一个由部分外国志愿者组成两个团。招募新兵以一个如此快的速度发展，以至于到年底党卫队已在阿尔萨斯－洛林的森海姆开办了一个训练营，这是专门为那些非德国人新兵开办的。

海因里希·希姆莱没有被希特勒的保留态度所吓退，他不知疲倦地要求进一步扩大他负责领域的范围和权力。他获得批准可以建立党卫队自己的最高统帅部——党卫队作战指挥部——以对抗其他军种的那些指挥部。他为武装党卫队安排把他们一直使用的从敌人那里缴获来的老式武器更换成德国生产的新式武器。另外，他开始转向武装党卫队对髑髅军团的控制——第三帝国迅速发展的集中营网配备的一些警察预备役部队和看守部队——目的是把他们转变为前线步兵团和增强他的作战部队。在这个进程中，他解散了一直管理集中营的总部，并把它的职能转交给新成立的武装党卫队作战指挥

1941 年夏，当丹麦志愿者军团离开海牙前往德国的一个武装党卫队训练营时，纳粹行礼人在送行者中占了多数。一段文字歪斜地写在火车车厢外——"我们要去抓斯大林！"——预示了这个军团最终的目的地：1942 年初这支部队进入了列宁格勒附近的前线。

部。这种行政改变后来反过来常常困扰武装党卫队。这支精英部队的士兵们，经常为他们在战场上的精神和英勇而感到骄傲，将要无法挽回地因同那些控制集中营的刑讯者和刽子手们为伍而受到玷污，而且当在战争爆发后的几年里欠下良心上的债务时，付出的代价也将是惨重的。

胜利进军法国的结果是，武装党卫队显然注定只能代表光荣。到 1941 年初它已经发展到六个师，经过重新改编和装备，并准备好下一次的考验。但是，挑战来临了，不是发生在希特勒早已计划的入侵苏联，而是在别的地方——并且完全是本尼托·墨索里尼不经意地干涉元首宏伟计划的结果。

未同他在柏林的轴心国盟友协商，墨索里尼于1940 年 10 月派意大利部队进入希腊。希特勒称之为一个"令人遗憾的愚蠢的错误"，为随后意大利部队的失败感到非常惋惜。更为糟糕的是，英国军队正快速前往援助希腊军队，因而形成一个希特勒不能忽视的危险局势。

于是，希特勒的军事战略家设计了一个入侵和确保希腊安全的方案，代号为"马丽他行动"。但是在他们的计划付诸实施之前，这个计划被巴尔干另一个地方发生的事态搅乱了；南斯拉夫政府，刚同轴心国签订一个协议没几天，被一次军事政变推翻了，并由一个反德

1943 年在南斯拉夫头戴镶有髑髅徽毡帽的波斯尼亚穆斯林在他们的营地检查一本有关回教徒和犹太人的小册子。希姆莱巧妙地废除了这些新兵的斯拉夫传统，把他们培养成曾经统治这个地区的哥特人的后裔。

国的政权所取代。希特勒被激怒了，被迫将南斯拉夫加进他的侵略计划中。

不久，党卫队"帝国"师离开法国前往集结地罗马尼亚，这时已增强为一个旅的党卫队"阿道夫·希特勒"警卫旗队向保加利亚进军。沿着这条路线，党卫队部队再次投入战斗，不是同盟国敌人作战，而是同他们的德国军队作战——这些小冲突都是不流血的，绝大多数都是涉及在交通拥挤的公路上谁优先通过的问题，但是这些小冲突强调了交通部门下面两个分支机构之间的敌意。在一次事件中，一名党卫队军官威胁要让他手下向一支陆军护送车队开火，如果它胆敢越过他的车辆。在另一次事件中，一名党卫队军官迫使一个超越他纵队的陆军护送车队停下来，然后让手下人用枪指着打头的军车，将地雷放在车子前轮的下面，直到党卫队离开这个区域。

真正的战斗于 1941 年 4 月 6 日开始，这个时候德国装甲和步兵部队已涌入南斯拉夫和希腊。"阿道夫·希特勒"警卫旗队，隶属于乔治·施登姆将军的第 40 装甲军，从保加利亚边境向西运动，然后挥师南下，穿过山区直扑希腊。到 4 月 9 日，基本没有遇到什么抵抗，狄特里希的旅已抵达距希腊边境只有 30 英里的普瑞莱普镇。

在遥远的北方，党卫队"帝国"师，同格奥尔格—汉斯·莱因哈特将军的第四十一装甲军一起进军，冲过

罗马尼亚边境直扑南斯拉夫首都贝尔格莱德，这个城市已经被德国空军炸成一片废墟。4月12日，"帝国"师的一个先遣队到达那里，接受了该城的投降。几天后，南斯拉夫陆军也投降了。

警卫旗队已穿过希腊，在南部激战争夺维韦镇附近的一个具有重要战略意义的峡道。这个峡道由中将亨利·威尔逊爵士指挥的英国远征军部队把守。这位英军司令决定，如果不能阻止也要尽量放慢德军锐利的进攻，让入侵者占领每一寸土地都要付出高昂的代价。

经过48小时，从4月10日到12日，警卫旗队逐步推进攻过山口，直到到达后来被命名为997高地的一个小山的山脚下。从高处的有利地形，威尔逊的炮兵观

1941年春，装甲车作为"阿道夫·希特勒"警卫旗队的先导经过巴尔干地区快速向前推进。隶属于德国第四十装甲集群，警卫旗队在不到一个月的时间里从保加利亚索菲亚一路打到希腊的雅典。

察员能够看清德国人的一举一动；如果党卫队旅要想前进，就必须占领这个高地。狄特里希派出格特·普莱西斯中尉指挥的第一连猛攻这个高地，在随后同澳大利亚人第6师的残酷肉搏战中，他的部队获胜了。占领997高地打通了这个峡道，使德国人可以进入希腊的心脏地带。对于武装党卫队的奖励是，狄特里希的胜利最终赢得了德军的祝贺。在那天的命令里，施登姆将军感谢党卫队部队，称赞他们"不可动摇的战斗精神"，并郑重宣布"目前的胜利在警卫旗队历史上写下了崭新和不朽的光荣一页。为了元首、人民和帝国前进！"

　　警卫旗队继续前进，迅速穿过峡道并向前推进。第二天，克特·梅耶尔少校指挥的侦察连经过一座山的隧道转向西南并果断插入希腊部队把守的另一个峡谷——克里萨拉峡谷的对面。在这个地方的战斗中，梅耶尔和一支先遣队发现他们被重型机枪火力包围了。为了避免他的士兵在敌人的火力下暴露无遗，梅耶尔下令他们向前进攻，但是没有人做出反应。他决定只有用过激的行动才能劝说他的士兵冲过敌人的火力网。后来梅耶尔回忆那个时刻，他手抓一颗手榴弹并高喊以吸引士兵的注意："当我挥动着那颗手榴弹，每个人都目瞪口呆地盯着我，我拉开撞针，并精确地扔到最后一个士兵的后面。"这个行动产生的效果在瞬间就达成了。"在扔第二颗的时候，我再也没有看到过有谁不一跃而起向前冲锋，"梅耶尔写道，"似乎被毒蜘蛛咬了一下，我

在希腊尽情享受胜利的狂欢，警卫旗队在奥林匹亚古运动场举行集会。这支部队战斗非常出色，党卫队将军克特·德鲁格宣称他们的批评者"最终必须改变他们的观点"。

们绕过一堆岩石跳进一个刚炸开的弹坑里。"最后，来自进攻方的压力证明对于那些防守的希腊人来说是太强大了，他们溃败了。梅耶尔只死了6个人，伤了9个人；他俘虏了1000多人。

第二天，梅耶尔的小分队占领了卡斯托利亚镇，俘虏了1.1万人并夺取了大量的军需和装备。到4月19日，希腊人和英国人都开始撤退，而德国人乘胜追击。警卫旗队能够迅速地超越希腊人，于4月20日占领了迈特索沃附近的山口，阻截了他们的退路。那天下午晚些时候，希腊伊庇拉斯—马其顿军向塞普·狄特里希投降，狄特里希大度地优待他们。对他们而言，接着会出现一幕不和谐的场景，这些被打败的希腊军队向他们的征服者敬礼，高喊"希特勒万岁！"和"日耳曼尼亚万岁！"三天后在马其顿的萨洛尼卡，希腊军队的残余部分放下了武器；此时英军也通过海上逃回了本国。

鉴于南部侧翼不再有危险，阿道夫·希特勒逐渐将全部注意力转向"巴巴罗萨行动"，他征服苏联的宏伟计划。1942年6月22日黎明，元首发动了战争史上对这个世界最大国土最不惜一切的进攻。300多万德国士兵——组建成三个集团军群——开辟了一条从北部的波罗的海到南部的黑海长达900英里的战线，并扫除敌方阵地的突出部分齐头并进攻入苏联领土的深处。威廉·里特·冯·李布陆军元帅的北方集团军群，下辖党卫队"髑髅"师和"警察"师，将同党卫队"帝国"师

向莫斯科方向推进；格德·冯·伦德施泰特陆军元帅的南方集团军群，下辖党卫队"维京"师和配备重型装备的"阿道夫·希特勒"警卫旗队，将穿过乌克兰向基辅进军。

入侵开始取得了辉煌的胜利。德国陆军总参谋长弗朗茨·哈尔德将军，在他 6 月 22 日的日记中写道，苏联军队"沿整个战线都受到了战术上的闪电攻击"。几天后兴高采烈的哈尔德在日记里写道，红军将在几个星期内被完全打败。

到 7 月 16 日，古德里安将军指挥的德军装甲部队已经开进斯摩棱斯克，距莫斯科只有 200 英里，哈尔德

1941 年夏"巴巴罗萨行动"开始阶段，党卫队"帝国"师的部队闪电般地横穿过苏联的一条公路。在德军中央战线附近向前进攻，在 12 月下雪和俄军的抵抗阻止德军的进攻前，他们打到距莫斯科不到几英里的地方。

的预言似乎就要成为现实了。希特勒也对早期的胜利景象感到欣喜若狂。"我们只是不得不踢踢门，"他告诉最高统帅部参谋长阿尔弗雷德·约德尔将军，"整个腐朽的制度将会崩溃。"德国部队在各地的行动正取得巨大的成果；到 9 月底基辅和 665000 苏联战俘落在德国人手里，还有产粮区乌克兰。列宁格勒正受到攻击，并且莫斯科很快也将陷于危险境地。

这时，泥泞季节到来了。秋雨使苏联的公路变成泥沼，令德国的快速推进变成了艰难跋涉。更为糟糕的是，离严寒的苏联冬季到来也只有几个星期的时间了，而德国人还根本没做好对抗严寒的准备。在南方，坏消息传来了。红军成功地将敌人赶出罗斯托夫，包括警卫旗队；这是德国在东线遭受的第一次重大挫折。

12 月 1 日，希特勒向莫斯科发动了一次全面的进攻。

1941 年 8 月，武装党卫队劝说一名苏联老百姓交出一面缴获的旗帜，这面旗帜鼓励列宁和斯大林的追随者们保卫共产主义。有的乌克兰人把德国人当作解放者来欢迎，但是大多数人勇猛地坚持抵抗德国占领军。

但是，抵达能够看到莫斯科克里姆林宫的尖顶和圆楼顶的地方后，德国人的攻击被苏军猛烈的抵抗和零度以下的温度阻挡住了。12月6日，红军发动凶猛的反攻击，将德国人向后驱赶了40英里。到这年底，苏联人继续连续打击纳粹的战争机器，东线每四个德国士兵就有一个阵亡或受伤，饱受折磨的哈尔德将军在他的记事本中承认"德国军队战无不胜的神话破灭了"。

在艰苦的战斗中，武装党卫队赢得了武装部队更多的赞扬。当德国人正被驱赶出莫斯科时，第三装甲集群司令埃贝哈德·冯·马肯森将军写信给希姆莱，向这位党卫队头目郑重汇报，"警卫旗队获得了一个卓越的名声，不仅是因为它的优越性而且在陆军战友中间也是这样"。马肯森继续颂扬警卫旗队的"内部纪律性、它的沉着勇敢、它的乐观事业心、它的临危不惧的坚定性、它可为楷模的忍耐精神、它的同志友爱"。甚至作为敌人，一名被俘的苏联军官，也给予武装党卫队，特别是"维京"师，高度的评价，他描述"维京"师的战斗力超过所有的德国或苏联部队。他说，当一段时间陆军部队接替了"维京"师的防务时，苏联人都舒了一口气。

但是也有黑暗的一面，一些武装党卫队对待战争的方式不但令武装部队司令感到麻烦，党卫队自己的军官们也感到担忧。伴随党卫队战士们的特别精神和大无畏的勇气，也产生了一系列野蛮行径，髑髅部队于战争初期在法国枪杀英国战俘就展示了这种野蛮性。许多记

1942 年 7 月，乌克兰妇女在武装党卫队的陪护下出席一个当地节日。当党卫队领导人督促他们的部队蔑视这些斯拉夫劣等民族时，这样的交往在被占领土上已经越来越少见了，乌克兰人自然而然学会害怕这些他们曾经拥抱过的占领者。

载的事件都是武装党卫队成员枪杀苏联散兵和战俘。在乌克兰，武装党卫队士兵野蛮地对待平民，强奸和杀害他们。尽管这些罪行是为了报复苏联部队，但是许多在军队或者后方意识到这些罪行的德国人发现他们非常令人厌恶和沮丧。

勇敢不怕死使武装党卫队部队遭受了惨重的伤亡。到 1941 年 10 月底，警卫旗队由于痢疾和战斗伤亡，作战效率降低了一半。"帝国"师，现在正式命名为"第三帝国"，甚至在莫斯科战役前就损失了 60%，并且在随后苏联发动的反击战役中遭受重创。到 1942 年 2

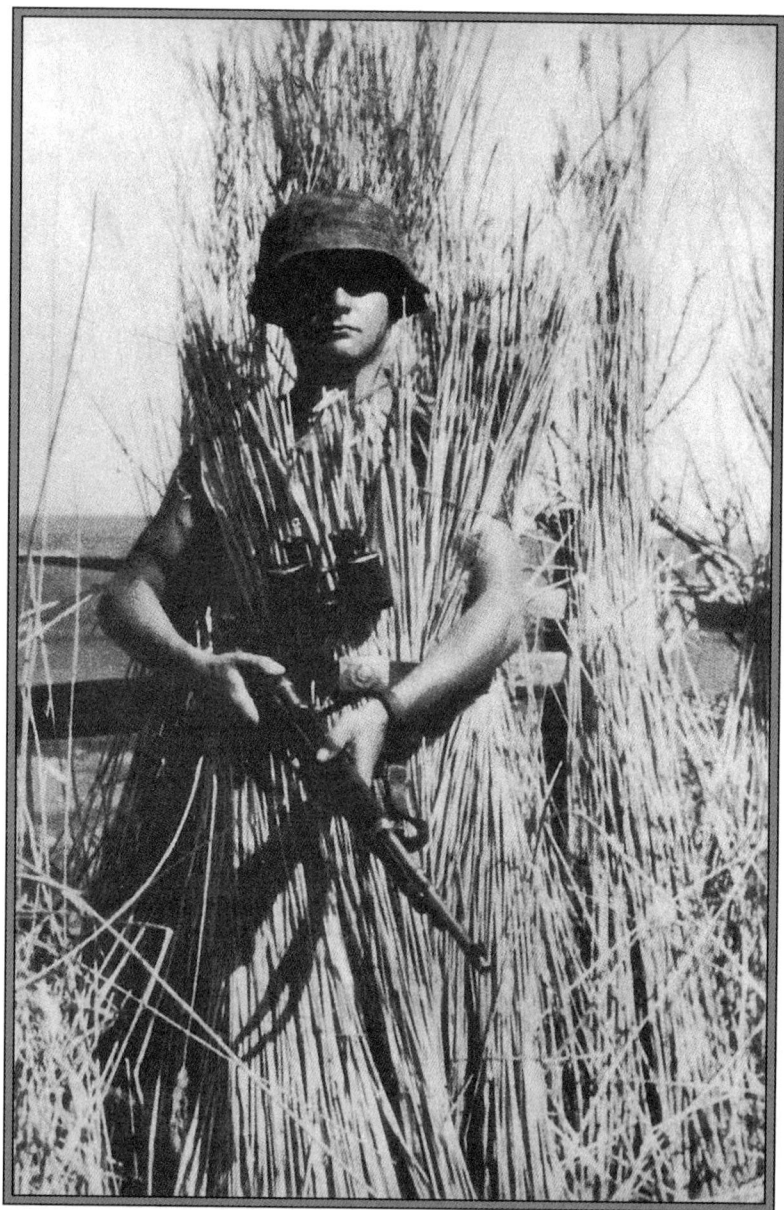

　　"帝国"师的一名狙击手，忍受不舒服，装扮成一个麦草堆。这是
1942 年夏在苏联大平原上德军发明的一种伪装办法。

月，它其中的一个团，"领袖"团，原来的 2000 人只剩下 35 人，同时整个武装党卫队遭受了 43000 人的伤亡。在未来的几个月，惨重的损失只是令伤亡名单变得更长；到 1943 年，最初投入"巴巴罗萨行动"的武装党卫队部队已整整有三分之一的人阵亡、失踪或受伤。

苏联反攻行动造成的不断增长的伤亡名单向戈登洛勃·伯格尔在后方招募新兵的工作提供了重要的推动

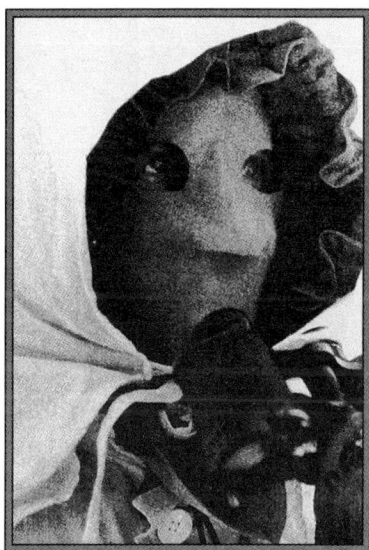

在苏联，一名戴头套和面具的党卫队士兵在 1943 年冬季期间使用望远镜。经过前一年可怕的经历后，德军现在改善了装备以抵抗"冬季将军"。

力。继续在西欧和北欧被占领土上招募"纯种"志愿者，同时伯格尔开始在南斯拉夫、罗马尼亚和匈牙利这样的东欧国家寻找德意志族人。开始他发现，吸引这些外国新兵不是很难。武装党卫队作为德国武装部队精英的声望，或者只是它制服富有魅力的吸引力，提供了充足的诱饵。一些男子入伍是为了满足一种冒险的渴望。一些登记入伍的人就是为了吃上更好的食物。一些人入伍仍然是受政治因素的激发。对于这些人来说，在党卫队服役提供了虚幻的希望，他们以为德国的胜利能够把他们的国家从奴役下解放出来。

无论他们是什么原因，所有这些外国人都变成了成功获得人力的党卫队的炮灰，希姆莱和伯格尔不高兴去培养他们任何的幻想。在希特勒批准成立"志愿者军团"后，党卫队能够把网撒得更大了，"志愿者军

团"将接收不符合正规党卫队种族标准的外国新兵。到
1941年8月底，四个这样的民族军团——丹麦人、荷
兰人、佛莱芒人和挪威人——为了"同布尔什维克主义
战斗"而建立起来了。开始，这些军团的成员不被看作
是党卫队士兵，尽管他们执行党卫队的规则并从党卫队
那里领取报酬。但是，到1942年底，这些军团按照希
特勒的命令并入武装党卫队。

不可避免的，当德国的战场幸运不再，并且武装
党卫队部队成千上万地被苏联进攻大口吞掉时，志愿者
变得非常难以寻找。伯格尔的党卫队招募员们只得求助
于更加不确定的方式再招满这些士兵。第三帝国的劳工
军团成员毫无选择被征召入伍，希特勒青年组织的男孩
子被胁迫志愿入伍。新闻团体呼吁德意志族人入伍。党
卫队作战指挥部的首领汉斯·于特纳早在1942年就抱
怨，许多所谓的志愿者实际上是通过欺骗手段被引诱加
入武装党卫队的。他引用匈牙利族人的事例，他们入伍
是以为他们将去参加"短期体育训练"。更糟糕的是，
招募人员想招收每一个他们能找到的人，不管符合不符
合要求。根据于特纳的说法，一些新兵患有"癫痫症、
严重的结核病以及其他严重的身体残障"。

这样的抱怨，即使是来自如此高层，对戈登洛勃·伯
格纳也不起作用。党卫队迫切地需要士兵；这种迫切
的紧要性已经超出了任何将军的顾忌——并且最终超
出了希姆莱关于种族纯洁性的限制条件。到1942年8

　　一名阵亡的党卫队司机用事实说明了1943年中期投入到苏联的十多万名武装党卫队新兵的命运。"我们没有被打败，"克特·迈尔写道，"但是我们在人数上处于劣势，被绝对优势的力量击垮，并且毫无招架之力。"

月，事实上，希姆莱已使自己相信，苏联的爱沙尼亚人在种族上同德意志族人没有什么区别，从而能够在武装党卫队的框架内组建一支爱沙尼亚军团。这种对党卫队种族纯洁特性的否定在伤亡不断增加以及部队进一步短缺的情况下只能有扩大的趋势。最终，党卫队军队中充斥着甚至希姆莱蔑视的斯拉夫劣等民族——整支部队都是由苏联哥萨克人、乌克兰人甚至南斯拉夫的穆斯林组成——到战争结束，党卫队所有的师一半是由大多数外国人组成的。

已经没有一个在战争后期组建的师（如果有也很少）同初期的武装党卫队有任何相似之处，除了名字。大规模和不加选择的招募，再加上战地士气低落的失败和日益增加的伤亡，已经改变了武装党卫队的性质。这些顶替的人几乎没有受到纳粹狂热主义的影响，这种狂热曾激励武装党卫队的早期队员们以阿道夫·希特勒的名义英勇无惧、宁死不屈。外国人以及不愿意入伍者根本不具备他们前任的勇气。逐渐地，武装党卫队失去了很多它的精英特性，但不是全部。

无论如何，武装党卫队的早期创建部队仍然以疯狂的热情战斗。这些部队——"阿道夫·希特勒"警卫旗队、"第三帝国"师、和"髑髅"师——在1941—1942年苏联的冬季攻势中受到沉重打击，因此他们被从前线撤下来并被派往法国，在那里他们被重新整编和装备成装甲步兵师。后来他们又配备坦克并组建成第二党卫队装甲集群——希特勒要依赖这群钢铁部队逆转他在东线垂危的命运。1943 年 2 月初，具有重要战略意义的斯大林格勒战役以德国毁灭性的失败而告终。30 万德国军队被消灭或被俘。为了弥补这次令人沮丧的失败并阻止苏联最新的冬季攻势，希特勒下令对工业城市哈尔科夫发动一次有力的反击。

进攻的先锋部队是新成立的第二党卫队装甲集群的三个装甲师，由保罗·豪塞尔中将指挥。这也许将是他们最辉煌的时光。

当 2 月 19 日进攻命令下达时，豪塞尔和他的武装党卫队位于这个城市西南 60 英里——并在撤退中。三天前，这些装甲师已经陷入哈尔科夫周围苏联军队潮水般的攻击中。希特勒命令豪塞尔牢牢顶住并战斗到最后一刻，但是粗暴、自信的装甲军团领袖认为这个命令非常愚蠢。相反，他和他的部队从这个城市突围出去。现在豪塞尔改变了战场局势，继续进攻，并且沉重打击了苏联第六军。在警卫旗队和其他装甲部队的支援下，豪塞尔的装甲部队以很小的代价攻破苏联的防线并重新向哈尔科夫挺进，在前进的过程中一个村挨一个村地同敌人坦克作战。

3 月 9 日抵达哈尔科夫，豪塞尔派警卫旗队为先头部队。经过不到一天的激烈巷战，狄特里希的师直插市中心。与此同时，"第三帝国"师和"髑髅"师在哈尔科夫周围布下罗网，将苏联守军全部包围在里面。到 3

月 15 日，警卫旗队的士兵已经肃清了最后的抵抗阵地，哈尔科夫再一次属于武装党卫队。另外，这次胜利成功地阻止了苏联的进攻并使战线稳定下来。希特勒欣喜若狂，因为他对党卫队装甲集群的信任发挥了效力。第三帝国现在又重新获得机会在东线赢得主动。

海因里希·希姆莱也充满骄傲。他访问了豪塞尔在哈尔科夫的胜利之师并发表一个鼓舞人心的演讲以鞭策他们取得更荣耀的功绩："我们将永远不会让这支优秀的武装以及在哈尔科夫战役中引导我们的恐怖可怕的名声褪色，而是将时刻为它补充新的含义。"

将军们和战士们当时无法理解这段话，但是豪塞尔和武装党卫队确实赢得了战争中德国人最后一场伟大的胜利。德国在库尔斯克发动最后一次攻势之后，战争的幸运之神最终转向了苏联。在一系列的反击中，苏联势不可当地向前推进，他们一直打到柏林才停下来。武装党卫队在其他战役中作战以延缓纳粹主义的灭亡——最终是徒劳的。作为一支作战部队它在哈尔科夫达到顶峰。在不到两年的时间里，它同缔造它的狂热幻想家们一起最终逃脱不了失败的命运。

"元首的人"
的自豪

　　"在警卫旗队，我们认为自己高出其他人一等，"在入侵苏联的前夜，一名武装党卫队士兵给家里的信中写道，"我们是唯一的！是元首的人，愿做他想做的一切事！"这种对希特勒的自豪效忠是从警卫旗队成立那天起就具备的，警卫旗队的前身是元首的私人警卫。只有警卫旗队的人才能把他的名字写在制服袖口上，才能把他的名字刻在旗杆的顶端（左）。在战场上，警卫旗队的确是希特勒最信任的部队，警卫旗队的历史反映出希特勒本人的历史。最开始它是总部的一个支队，主要是用来展示，没有什么实质意义，它逐渐变成一个残忍高效的作战部队，只是在战争结束时才肯面对付出的惨重代价。

　　警卫旗队 1933 年成立，当时希特勒的忠实分子塞普·狄特里希选拔了 120 名党卫队队员保护元首。不久以前，警卫们大部分时间用在游行上以及担当侍者和音乐演奏者的角色。在 1934 年大血洗中，他们赢得了刽子手的恶名，但是对于德国一般军人来说他们依然是"杂牌士兵"——只能在训练时逞威。但是，党卫队容克学校毕业的军官们及时地让警卫旗队具备了作战能力。1940 年，作为一个率先攻入荷兰的摩托化步兵团，它一天就前进了 105 英里。后来警卫旗队在苏联也完成了同样的功绩，在苏联它已经建成一个满编装甲师。但是它的名声受到玷污，不断有报告称警卫旗队的士兵冷血枪杀战俘；1944 年，在一次令人发指的罪行中，70 多名美国人在投降后被枪杀。狄特里希将军后来就这个罪行向胜利的盟军认罪，但是在审判之日前，他那个规模庞大的师受到了它自己元首的谴责。1945 年前期，在获悉警卫旗队在匈牙利没能阻止住苏军已经撤退后，希特勒怒骂他们是叛徒，并命令他们摘掉印有希特勒名字的袖标——指挥官狄特里希不顾党卫队的规定拒绝执行这道命令。

233

作为元首警卫
的平淡开始

　　警卫旗队的士兵守
卫新德国总理府的入口，
这是希特勒宫殿似的柏
林总部，于1939年1月
竣工。为了产生庄严的
气派，希特勒命令警卫
彻夜站立，身着他们游
行制服，戴白色手套和
扎白色腰带。

庆祝希特勒 4 月 20 日生日，这是一个国家节日，对警卫旗队来说是一个特别的任务。左上图，系围裙的值班人员将一个饰有纳粹卐字的生日蛋糕送往旧德国总理府的餐厅，左中图，安全人员仔细检查送给元首的礼物并扣留任何有威胁性或诽谤的东西。

这个舞会乐队是警卫旗队乐团的一部分，这个乐队还在 1936 年奥运会上演奏过。

1938年1月30日，纳粹统治者的一个纪念日，希特勒（左）在德国外交部外面向他的列队通过的警卫旗队敬礼，警卫旗队当时足有3000人。六个星期后，这个团的一些部队进入维也纳以巩固对奥地利的吞并。

战斗中的
惨重教训

　　1939 年 9 月，同华沙西部的波兰部队激烈作战，警卫旗队第 2 营的士兵从一个散架的马车后面射击。在战斗训练结束前他们被投入战争，警卫旗队的士兵在波兰得到了惨痛的教训。"无畏的进攻，"他们的指挥将军写道，"不断地付出损失惨重的代价。"

警卫旗队的士兵，现在作为一个装甲师在苏联作战，1943 年 7 月从库尔斯克战役撤退回来——德国人一次决定性的挫败——希特勒把这个师派往意大利。他解释，墨索里尼需要"在政治上同法西斯主义密切相连的精英部队"。

一个被暴行
玷污的纪录

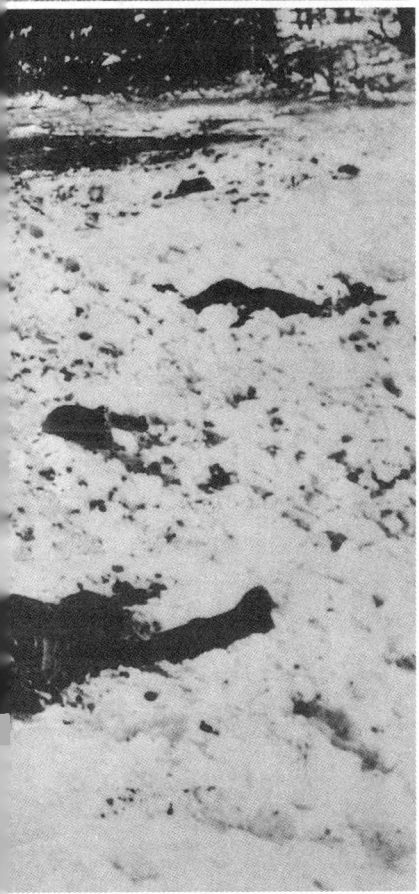

这些照片是在苏联德军战线的后方拍摄的，照片记录了警卫旗队的战地警察抓捕和迅速处决游击队员的场景。党卫队士兵准备接近一个粮仓（左），然后把游击队员从粮仓里吓出来（中），然后就地枪杀一名俘虏（右）。

死亡的美国士兵躺在比利时马勒梅第的雪地上，他们在1944年12月6日向警卫旗队投降后被机枪射杀。尸体都编了号，这张照片后来作为证据送交纽伦堡战犯审判法庭，法庭判决塞普·狄特里希和他的其他几名部下入狱。在战争初期，同样的暴行在德国最高统帅部内部引发了对警卫旗队的批评。但是希特勒拒绝管束他喜爱的部队。"警卫旗队，"元首说，"必须被允许用它自己的方式执行特殊任务。"

战旗在
红场倒下

1945 年 6 月，以希特勒名义作战的这个师的光秃秃的旗杆同其他被缴获的德国战旗一起被倒放在莫斯科红场的道路上。挂在旗杆上的布制旗面再也没有找到。

图书在版编目 (CIP) 数据

党卫队 / 美国时代生活编辑部编；孙逊译 . —— 修订本 . —— 海口：海南出版社，2015.1（2022.9 重印）

（第三帝国）

书名原文：The third reich:The SS

ISBN 978-7-5443-5795-1

Ⅰ . ①党… Ⅱ . ①美… ②孙… Ⅲ . ①德国党卫军 – 史料 Ⅳ . ① E516.9

中国版本图书馆 CIP 数据核字 (2014) 第 271550 号

第三帝国：党卫队（修订本）

DISAN DIGUO: DANGWEI DUI (XIUDING BEN)

作　　者：美国时代生活编辑部
译　　者：孙　逊
选题策划：李继勇
责任编辑：张　雪
责任印制：杨　程
印刷装订：北京兰星球彩色印刷有限公司
读者服务：唐雪飞
出版发行：海南出版社
总社地址：海口市金盘开发区建设三横路 2 号
邮　　编：570216
北京地址：北京市朝阳区黄厂路 3 号院 7 号楼 102 室
电　　话：0898-66812392　010-87336670
电子邮箱：hnbook@263.net
经　　销：全国新华书店经销
版　　次：2015 年 1 月第 1 版
印　　次：2022 年 9 月第 3 次印刷
开　　本：787mm×1092mm　1/16
印　　张：15.5
字　　数：180 千
书　　号：ISBN 978-7-5443-5795-1
定　　价：45.00 元